高校教育与学生管理工作新探索

穆 牧 著

中国商业出版社

图书在版编目（CIP）数据

高校教育与学生管理工作新探索 / 穆牧著. -- 北京：中国商业出版社，2023. 12

ISBN 978-7-5208-2725-6

Ⅰ. ①高… Ⅱ. ①穆… Ⅲ. ①高等学校－教育管理－研究②高等学校－学生－学校管理－研究 Ⅳ. ①G640 ②G645. 5

中国国家版本馆CIP数据核字(2023)第227902号

责任编辑：葛 伟

中国商业出版社出版发行

（www.zgsycb.com　100053　北京广安门内报国寺1号）

总编室：010-63180647　编辑室：010-83118925

发行部：010-83120835/8286

新华书店经销

天津和萱印刷有限公司印刷

*

787毫米 ×1092毫米　16开　11.75印张　200千字

2023 年 12 月第 1 版　2023 年 12 月第 1 次印刷

定价：65. 00 元

* * * *

（如有印装质量问题可更换）

前　言

信息技术的发展，必然深刻影响高校教育的发展。以高校校园为载体的内部空间呈现出一系列新问题、新变化和新现象，这给高校教育管理带来了全新的机遇；同时，高校教育管理也呈现出一定的复杂性。21世纪是知识经济时代，需要大批优秀的创新人才，而培养创新人才的关键是教育管理。高校作为培养创新人才的前沿阵地，只有大力进行教育管理的创新，才能适应新时代社会发展的需要。

高校管理是学校工作的重要组成部分。目前，高校从事管理工作的教师肩负着立德树人的使命，必须同时具有教书育人、管理育人、服务育人的教育理念，从实际情况出发，根据新时代大学生的特点，掌握必要的育人方法，提高管理素质，通过管理制度的制定、执行等，充分发挥管理育人职能。

本书共设置十章，以高校教育及学生管理工作为主线，前五章对高校教育管理工作进行了系统的论述，包括高校教育管理基础理论、高校教育管理体制建设、高校教育管理理念创新、高校教育教学实践创新以及高校教育教学管理信息化建设等内容；后五章对高校学生管理工作进行了多维度的探究，主要包含学生生活及心理健康管理、学生自我管理、学生组织管理工作、学生职业生涯规划以及“互联网+”时代高校学生管理工作等内容。

本书结构严谨，内容翔实，通俗易懂，既有高校教育、教学、科研、管理等各项工作的知识，又有对各项工作进行计划、组织协调等的项目管理知识，更有高校各项工作的理论支撑。全书力求内容广泛，保证高校管理知识的完整性。

笔者在撰写本书的过程中，得到了许多专家学者的帮助和指导，在此表示诚挚的谢意。由于笔者水平有限，加之时间仓促，书中所涉及内容一定会存在疏漏之处，希望各位读者多提宝贵意见，以便笔者进一步修改，使之更加完善。

目　录

第一章　高校教育管理概述

第一节　高校教育管理目标

一、什么是目标

（一）目标的含义和特性

目标是想要达到的境地或标准。具体地说，目标是在一定的环境条件下，在一定的范围内，个人群体或组织基于预测，按照一定的价值观，对自身行为所确立并争取达到的最终结果的标准、规格或状态。目标具有下列特征。

1.未来的导向性

目标是一种指引，它向人们展示了通过努力能够实现的东西。它是一种对未来的预见，是一种先进思想的结果，指导着人们的实践活动。任何一个组织或部门要提高其管理效率，就一定要制定有针对性的目标来支撑和组织所有的层面，从而引导其成员一起行动。在工作中贯彻落实目标，就可以激发人的斗志，增强人的凝聚力，提高人的工作效率。

2.主客观的统一性

人的目标不仅是人的想象与设定，而且是一种“观念性的存在”，并且始终是人的客观知识的一种反映。人只有对客观事实有了准确的了解，才能制订出正确的行动计划。一个正确的目标，一定是一个人的主观想象和客观现实的结合。主观与客观的高度统一，是目标正确与否的先决条件和依据。

3.社会的价值性

目标并不完全受一个组织的控制，也不只是一个人的意志的体现。从系统理论的角度来看，一切组织都是社会的一个或大或小的单元，它们的存在形式和作用方式都受到社会的影响。因此，目标的建立也就必然体现社会对它的需求。这种以客观现实为基础、体现主观意志、反映社会要求的目标，是人们认同的一种方向，它一经确立，就具有让人们推崇和追求的价值。

4.系统的层次性

目标不能只有一个，不同目标纵横交错，构成了多个层级。高层目标多从宏观上着眼，具有战略性特征；而低层目标，则多从微观的视角，体现出战术性与具体性特征。

归纳起来，目标层次主要分为隶属层次（总体、部门、个体）、时间层次（远期、中期、近期）、要求层次（高级、低级）等，它们共同组成了目标系统。

5.过程的实践性

目标的实现既有连续性，又有阶段性。这个过程最终是一个实践的过程，目标的制定、调整、实现，都是在认识、实践、再实践中完成的。

（二）高校教育管理目标的含义和规律

1.高校教育管理目标的含义

高校教育管理目标指的是高校教育主体以实现高校教育目的的要求为依据，对高校各项教育管理活动中的管理对象在一定时期内所要达到的预期结果作出的标准规定。从本质上说，它与高校教育的育人理念是完全一致的。在我国高校教育体制改革的大背景下，高校教育与社会、经济、政治、文化等各领域的关系越来越紧密。与此同时，它所承担的社会功能也越来越多。这需要面对不同的社会需求，尽可能地满足不同层次的知识与人才的需要，使高校教育管理目标更加多元化。

2.高校教育管理目标的规律

高校教育兼具内在规律性及外在规律性。其内在规律性是指高校教育要符合人的认知规律、人的成长与发展规律、人的培养规律；其外在规律性是指高校教育一定会受到外来社会诸多因素的限制，它必须为社会、政治、经济、文化等服务。

按照“内外规律性”的分法，将高校管理目标分为“内”“外”两类：内部目标是指高校教育执行机关（高校）对自身价值的追求，体现了对高校教育内涵和外延的界定；外部目标是指高校教育主管机关对教育活动进行决策与控制，体现了对经济发展与社会进步的影响。

二、高校教育管理目标确立的意义

（一）高校教育管理目标确立的作用

高校教育管理目标的确认，对高校教育至关重要。

1.目标是高校教育管理的出发点和行动依据

目标的功能是确定经营活动的方向。高校教育管理目标是确定高校管理工作的方向、任务、内容、方式与方法的基础。高校教育管理活动就是要使高校教育管理目标得到有效的实现。高校教育管理如果没有目标，将会迷失方向，失去意义。所有高校教育管理活动都必须以目标管理为中心，以实现目标为核心。

2.目标是调动高校教育管理者自觉性的重要手段

目标具有驱动和激励作用。高校教育管理工作中，无论做什么事情，都要关注所取得的效果。尽管效果的取得受到诸多因素的影响，但是人们的自觉程度与效果之间存在着直接的联系。自我意识越强，往往取得的效果越好。所以，只有让高校教育管理者了解高校管理的目的，才能让他们在高校里有更多的想法、更多的行动、更多的激情与热忱。

3.目标是处理高校教育管理主客体矛盾的必要条件

目标有修正和完善的功能。要实现目标，不仅要有期望，而且要付出一些努力。确定高校教育管理目标的过程，同时是对高校教育管理主体与客体之间矛盾的分析与认识过程。为达到此目标而进行的工作，就是对主客体矛盾的发现、处理并最终将其解决的工作。

4.目标是检验高校教育管理效果的依据

目标有一个评价的功能。对高校教育管理的成效进行检查，不能只看做了多少工作，而要根据最初设定的高校教育管理目标，检查实际管理活动的成效。

（二）高校教育的目标管理

高校教育的目标管理指的是，高校教育管理者指导高校教育实施部门以及全体成员，共同确定高校教育管理目标及其体系，将目标作为核心，对各自的职责进行明确，并充分发挥各方的主观能动性，对培养各类高级人才的工作进程进行协调和控制，并对完成情况进行检查和评估的组织活动。

高校教育实施目标管理，其根本内涵主要有以下几个方面。

（1）高校教育目标管理与高校管理同属一类，都是高校教育的一种组织行为。但是，高校教育的目标管理以目标为核心，不同于高校的计划管理和质量管理等。

（2）高校教育管理目标是一条贯穿整个高校教育管理工作流程的主线，具体体现在目标的制定与执行、考核与评价上。

（3）在重视"人"的前提下，提出并发展了"人"与"事"相结合的高校教育目标管理。要让各级高校教育管理人员和被管理人员认识到自己的职责，加强自我约束、自我检讨、自我评价。

高校教育的核心是高校教育目标管理。高校教育目标管理工作的总体流程为：目标设定、目标执行、目标检查、目标价值评估。在此基础上，通过对高校目标管理流程的研究，可以使高校目标管理更加有效。

三、高校教育管理目标确立的依据

高校教育管理目标的确立，必须以科学为基础。高校教育管理目标作为高校整体发展的一个重要指标，其确定必然受到高校发展中诸多因素的影响。高校教育管理目标的确定，不仅要根据社会发展的外部需求，而且要根据自身的发展规律和内部需求，同时要根据高校教育管理对象各种要素的差异情况来确定。

（一）高校教育管理目标确立的社会发展依据

应从全社会发展的角度来确立高校教育管理目标。当今世界正在由工业经济向知识经济转型。知识经济是一种将知识资源作为第一生产要素的经济，是一种将高科技产业作为支柱产业的经济，知识创新和技术创新是其基本要求和内在动力。而当前我国的科技总体发展水平仍然不高，且发展不均衡。我们要想赶超世界先进水平，在世界范围内赢得主动权，就必须积极应对知识经济时代的来临，积极实施科教兴国战略。我们可以从以下两个方面着手：一是要构建一个全国性的科技创新系统，尽可能地促进科技尤其是高科技、高科技产业的快速发展；二是要在高校教学中加大改革力度，积极培育创新型人才。这对以创造知识、培养创新型人才为使命的高校教育提出了新的要求。

（二）高校教育管理目标确立的教育发展依据

高校实施教育管理，是为了更好地服务于高校教育改革与发展，以达到教育目标。这就要求我们要密切关注并研究国际经济、科技的发展动向，提高高校教育的开放性，并认真学习国外的有益经验，使我们的高校教育能够更快地发展起来。在确定高校教育管理目标的时候，不仅要与国家和社会对高校发展的根本要求紧密结合，还要在管理理论上体现出科学性、管理理念上体现出时代性、管理实践上体现出高效性、管理内容上体现出实用性、管理过程上体现出针对性。

如果没有管理科学的思想方法，就无法做到合情合理、务实，也就很难实现目标管理。如果没有时代的特点，其目标就不能与高校教育改革与发展的要求相匹配，就违背了高校教育管理的初衷。如果不能做到简单明了、易于操作，就很难为高校教育主、客体两方所认同，也很难取得事半功倍的效果。如果没有针对不同地区、不同层次和不同类型的特点而提出新的教学目标，将很难为高校的改革和发展作出应有的贡献。在高校实施教育管理的整个过程中，如果目标不明确，就会造成操作上的盲目性，而且很难在实践中进行纠正，也就无法实现最终目标。

高校的改革与发展是以快速、有效地实现教育目标为宗旨，这种目标集中体现为国家与社会对人才的需要。正是在此基础上，提出了以高校为中心，以培养适应社会主义建设需要的人才为核心的教育管理目标。

（三）高校教育管理目标确立的对象差异依据

高校教育管理的对象，包含人、财和物等多种类型。在人、财、物等各种管理对象中，人是最重要的，因为对财、物等管理都是通过人来完成的，在这一层次上来说，高校教育管理的对象主要是人。人的层次不同、素质不同，教育管理的目标也不同。如果没有根据高校教育管理对象的层次、素质的特点，将目标设定的过高或过低，将会对高校教育管理的效果产生很大的影响。

如果不能对这些问题进行深刻的理解和细致的分析，就很难制定出切实可行的、明确的目标。同时，不同区域之间的差异也导致了不同区域之间的高校教育发展差异。高校在制定教育管理目标时，如果没有考虑到各区域在管理水平和需求上的差别，采用“一刀切”的方式，就会导致目标变得虚无缥缈，执行起来也困难重重。

四、高校教育管理的目标模式

高校教育管理目标构建模式主要有理性模式、渐进模式和综合模式三种。

（一）高校教育管理目标确立的理性模式

理性模式的基本要求是切实可行。在制定目标的过程中，目标的制定者要以完整的综合信息为基础，以客观的分析和判断为依据，对众多可供选择的目标方案展开论证和评价，确定优劣次序，估算教育的成本和效益，并对其可能造成的影响进行预测，在经过对比后，选出最好的方案。这个模式是根据人们的理性行动来进行选择的。

理性模式的最终目的，就是要设计一种方法，让管理者运用这种方法，建立一个合乎逻辑的目标，以达到最大化的“净价值效果”。管理者只想用最少的资源，换取最大的利益。而使“净价值效果”最大化，则需要一个合理的目标。所谓“净价值效应”，就是一个目标需要的效应超过它所提供的效应。从这一点来看，合理与效率是一致的。效率就是投入与产出之比。一个合理的目的就是要达到最大的目标，目标所需要的价值大于实现过程中所需要的价值。“合理性”是人类为追求“合理目标”而创造出来的，它是对“合理目标”形成过程的一种概括与抽象。

理性模式需要符合以下条件。

（1）了解各种教育需求以及它们之间的相互关系。

（2）了解可能存在的多个目标模式。

（3）了解不同的目标计划所能带来的后果。

（4）能够估算出目标计划可以达到的程度与无法达到的程度之间的比例。

（5）能够进行优化设计。

该模式中的理性，意味着人们不但要能够了解和衡量整体教育需求的完成情况，还要能够对管理成本和育人需求进行精确掌握，具备掌握对目标方案的详细数据、对各项目标方案的结果进行正确预测的能力。

理性模式能提高高校教育管理目标设置的合理性，做到内容切合实际、要求适度、具有可操作性。但是，由于管理人员自身的素质和所掌握的知识水平的限制，若管理人员所制定的目标并不能达到合理化的要求，为此必须采取循序渐进的方法对其进行修正。

（二）管理目标确立的渐进模式

渐进模式的主要要求是调整（或修订），也就是采用“边际调适科学”的方法，在现有目标的基础上，经过一段时间的实施，再与其他方案进行对比，最后确定哪些内容需要进行修改，以及应该添加哪些新的内容。

1.渐进模式的内涵

（1）管理人员不需要试图制订和评价全部目标计划，而只需要关注与当前目标不同的因素或内容。

（2）管理人员不需要考虑全部选项，而是仅需要考虑少数几个目标选项。

（3）管理人员只需要对每个方案中可能出现的一些重要结论进行证明。

（4）管理人员所面对的问题不断地被重新定义，并对需求与方法、方法与结果之间的协调进行关注，从而使他们所面对的问题变得更容易解决。

（5）高校教育管理中存在的一些问题，目前还没有一个最佳的解决方法，只有在实施目标的过程中逐步加以解决。

（6）渐进模式具有补偿性，能根据实际和特定问题的解决情况，调整目标趋向。

（7）渐进模式是基于边际的对比、边际的影响作出选择，不会对每个方案和目标都进行全盘考虑，其所确定的目标的优劣，取决于管理人员对目标的认同程度。

相对于理性模式，渐进模式更符合现实管理情境，模式框架更加完备。从管理人员的个人特点来看，渐进模式也更具有可行性。渐进模式取决于当前目标的有效性、问题的性质变化以及现有备选方法数量的局限性。如果目前的目标效果不理想，渐进模式就不能应用，目前的目标仍然有效是采纳渐进模式的依据；当问题的性质改变时，渐进模式也不能再应用；随着备选新方法的增多，渐进模式的应用将会越来越少。

2.渐进模式的应用

采用渐进模式需要满足以下条件。

（1）现行目标的有效性，大体可同时满足高校教育管理的主、客体需求，使边际进步在目标效应中可得到充分显示。

（2）管理人员所面临的问题，在实质上应该是相同的。换句话说，就是不同管理人员对于这个问题的观点，基本上应该是相同的。

（3）管理人员对问题的有效解决方案，必须具备共同性。

上述因素将直接影响渐进模式的有效性（实用价值）。随着我国高校教育事业的不断发展，新问题不断涌现，传统的渐进式变革已经很难与现实需求相适应，渐进式变革的弊端日益凸显出来。

（三）管理目标确立的综合模式

综合模式是一种同时利用理性模式和渐进模式的优点，避免两者的缺点而构建的控制模式。在此模式中，寻求最优是其基本要求。

从广义上说，把两个或更多个模式混杂在一起，并把它们有机地组合在一起的模式，统称为“综合模式”。然而，在现代高校教育目标设置中，绝大多数的综合性高校教育模式都含有理性因素。所以，从广义上讲，模式都是理性和其他模式的组合。考虑到综合模式的不同，本节只列出了两个典型模式，即规范最佳模式和综合模式。

1.规范最佳模式

规范最佳模式既吸取了理性模式的优势，又将艺术化的方法与规范性的科学相结合。例如，运用专家的直觉和经验判断来设计新的方案，并对其进行多种可行性分析。在具体的研究过程中，这种模式还借鉴了多种定性分析的方法，弥补了很多影响因素很难定量的缺陷。对规范最佳模式进行标准化的主要步骤如下。

（1）认识特定的价值观、目的和目标的要求。

（2）探索达成目标的方案，尤其是创建新的方案。

（3）对有限选择的结果进行论证，按照优势和劣势进行排序，从而得到事半功倍的开发计划或创新计划。

管理者以渐进模式为基础，对现有的目标以及它们的执行情况进行检查。之后，管理者再运用各种目标分析的方法，将它们与新的目标相比较，并对新方案的可能结果和期望进行预测。在规范最佳模式的同时，还将调整目标确立的质量、调整目标确立系统本身、提高目标确立参与者的个人素质、建立必要的机制、进行必要的培训等认为是模式考虑的内容，将其包括到模式中来。

规范最佳模式在对现有目标进行检验与论证的基础上，既吸纳了渐进模式的优势，又吸纳了理性模式的可操作性，以确保项目的相对最优。规范性的含义是有一系列设定目标的过程，有系统化的思维，也就是将一般意义上的控制与目标确定系统的改进结合起来，使规范最佳模式具备了渐进模式和理性模式两种模式的合理性，是一种更有实际价值的模式。

2.综合模式

综合模式一方面运用理性模式，对总体目标因素进行全面考查，明确优先次序，选择关键点；另一方面，采用循序渐进的方式，探索选定的关键点，以避免搜寻全部可能的替代方案，亦避免对非目的次要细节及次要方案进行通盘剖析，以免因细枝末节而忽略目的的根本因素。这一点弥补了理性主义和渐进主义的不足。

在对选择的方案进行审查时，综合模式侧重于运用合理模式来创建新的方案，克服渐进模式中的保守性。与此同时，在关键问题、规格要求及主要的选项方面，注重使用渐进模式对其进行考查，并将其与现有的目标进行对比，从而制定出最优、最切合实际的具体方案，从而克服理性方法的不切实际。

（1）如同规范最佳模式，综合模式为收集、分析和使用有限数据，提供了一种具体的过程以及一种战略上的准则。

（2）相对于理性模式，综合模式缩小了研究的范围，节省了大量的时间、精力和资源。

（3）相对于渐进模式，综合模式借助于理性模式的客观性来细致地调整多种主体选择，既增加了决策的可信度，也为创新决策创造了机遇。所以，综合模式具有较强的针对性和可行性。

第二节　高校教育管理规律

对高校教育管理进行研究，首先要对高校教育管理的客观规律有一个清晰的认识。因为高校教育管理是一个新兴的学科，至今尚无一个科学、准确的总结，但是已有许多学者对高校教育管理的规律进行了有益的探索。

一、自然属性与社会属性相统一

高校教育管理的自然属性意味着高校教育管理工作的性质是稳定的，它不会随着社会环境、时代环境的改变而改变；高校教育管理的社会属性是指随着社会形态的改变，在历史发展的进程中，其自身具有独特个性，并表现出不同的特点。

（一）高校教育管理的自然属性

高校教育管理的自然属性主要体现在以下三个方面。

1.高校教育管理的普遍性

在任何一个国家、任何一个历史阶段，只要有高校教育活动，就有对培养高级专门人才的活动进行管理的必要性。

2.高校教育管理的共同性

在不同的历史发展阶段，高校教育管理有着鲜明的共同性，这种共同性既不会随着国家政治、经济和文化的不同而改变，也不会随着时间的推移而消失。正是因为这个原因，中国传统的高校教育管理方式得到了很好的传承和发展；欧洲中世纪的学院制在现代大学中得到了广泛的应用，且他们的学位制度也一直延续到了今天。高校教育管理工作在历史发展中所具有的特征与规则，是高校管理工作中所遵循的基本原则。

3.高校教育管理的技术性

在高校教育管理中采用的技术与方法通常是不因社会体制的差异而受到影响的，世界各国可以相互学习、借鉴、利用先进管理手段和科学技术。

（二）高校教育管理的社会属性

高校教育管理的社会属性有两个方面的含义。

1.高校教育管理具有历史继承性

人类在历史发展进程中，因其所处的社会环境和自然环境的差异而产生了多样的区域文化，这对高校的教育管理活动产生了深刻的影响。这种“印记”体现在无法超越某种社会文化形式和人的社会心理状态上，“同源文化”背景下的高校教育管理思想、管理理念有许多相似之处，而“非同源文化”背景下的高校教育管理思想、管理理念则有显著的不同。

2.高校教育管理具有政治性

高校的一些制度和政策，始终是社会制度和政策的一个组成部分，也是为某种政治活动而服务的。高校教育管理必须而且只能用在特定的社会历史条件下，用在特定的社会关系中，用在不同的生产关系中，因为在不同生产关系中，生产劳动的组合要素、组合方式都不一样，管理的社会性质也不一样。高校教育制度与管理政策的制定，始终是为了贯彻与巩固某种生产关系，以达到高校教育目标。例如，“以人为本”的管理理念就是这种特点的具体表现。

二、封闭性与开放性相统一

高校教育管理的封闭性，是高校教育管理活动中，与其自身所特有的矛盾相适应，在高校教育管理中进行自我运行，并形成一种良性循环。高校教育管理的开放性，是在高校教育管理的过程中，高校教育体系和外部环境相互影响、作用，实现了物质、能量和信息的交换。高校教育管理的发展论、权变论、开放制度论均以封闭性与开放性的对立统一为基础。

（一）高校教育管理的封闭性

在高校教育系统内，不论何种高校教育管理工作，前提就是在相对独立、完整的高校教育系统内，根据高校教育系统的具体目标，进行优化组合，即在高校教育系统“输入—加工—产出”的过程中，形成一个相对封闭的系统。离开了封闭性，就不会形成一个相对稳定的高校体系，也就不会有高校体系的分析和高校管理的活动过程。高校的“封闭”既是高校办学的客观现实，也是高校办学的需要。当然，高校教育体系和高校教育管理的封闭性是相对的。

（二）高校教育管理的开放性

高校教育管理的开放性是由外部环境所决定的，它既受到外部环境的约束与影响，也会对外部环境造成一定的影响。其开放性是实现高校教育管理系统整体特性功能目标的需要，也是实现高校教育管理高效益的需要，更是高校教育管理系统生存和发展的物质基础和基本条件。

（三）高校教育管理的封闭性和开放性既相对立，又相统一

1.高校教育管理的封闭性和开放性是相对的

高校教育管理的封闭性的实质在于突出当前的“存在”，把人力、物力和财力都放在当前的“存在”上，从而不利于自身的发展，也不利于提高自身的效率。高校教育管理的开放性是指高校教育管理制度的发展过于注重制度的效率最大化，而忽略高校教育管理系统的“存在”，会使高校教育管理制度“存在”的根基发生动摇。

2.高校教育管理的封闭性和开放性又是统一的

高校教育管理的封闭性既是一种相对的封闭性，又是一种包容了开放性的封闭性，在开放性和封闭性中达到了最优、最大限度的发展。高校教育管理的开放性是基于一定的“存在”开放的，只有在一个相对独立的、完整的高校教育管理体系的基础上，才可以与社会环境进行物质、能量和信息的交换，进而构建出一个新的、更适合社会发展的高校教育管理体系。

三、学术管理与行政管理相统一

在高校教育管理过程中，每一个环节都与行政工作密不可分。比如，制订

高校教育管理的规划，对人、财、物等资源进行合理的分配和调控，对计划的执行进行检查和督促，对高校教育系统中的各个环节进行协调，使其能够正常运行等。高校的学术管理水平如何，学术管理的成败，直接关系到高校的管理水平和发展。这就要求高校在办学过程中，要坚持高校学术管理与行政管理相结合。高校学术管理与行政管理有三个不同之处。

（一）指导原则不同

在学术管理中，应遵循“学术自由”的原则，倡导“百家争鸣”，这是高校得以兴盛的基础。对于学术上的不同意见，需要进行完全自由的讨论才能达成共识，而不能由某一位权威人物来决定，更不能采用少数服从多数，也就是所谓的“学术民主方式”。对学术问题的判断，必须以学术标准为依据，以科学实验论证、调查研究、专家评审等方式，而非行政决策的方式。而在行政管理过程中必须强调少数服从多数，及时作出决策。但是，在行政管理作出决策时，同样要对其科学性、合理性进行考量，而且要更加注重从现实出发，对其可行性进行考量，并对其可能产生的影响和效果进行考量。

（二）采用方法不同

高校学术管理应针对各学科的特殊性，采取有针对性的科研工作方式，即不同的学科、不同的专业，制定不同的任务，采用不同的方法。所以，高校教育管理不能一成不变，而要实行多元化的管理。而在行政管理方面，则是注重统一，因为它注重从大局出发，充分发挥高校教育的整体作用，所以经常会采用集中划一的方法，利用政策、法令、规章制度等来对高校教育管理的各个方面进行统一和协调。

（三）管理程序不同

高校学术工作的开展，主要是以专家学者为依托，以民主的方式进行。比如，选择学科发展方向，制定学术规则，配置学术梯队等。大部分高校都会邀请教授参与到学校的决策中来。而行政管理是对上级的指示、政策的贯彻落实，它是一种下级对上级的服从，是自上而下发号施令，层层落实的“科层式”管理。

高校教育管理工作中的学术与行政工作尽管存在着诸多的差异，但是它们常常相互交织，难以割裂开来。尤其是在当前我国高校教育向大众化发展的背景下，高校规模不断扩张，内部结构越来越复杂，对高校教育管理工作提出了更高的要求。在高校教育管理工作中，应针对高校教育管理工作和行政工作的不同特征，采取不同的方式，妥善处理二者的关系，绝不能以行政工作代替学术工作。

四、过程管理和目标管理相统一

对管理活动过程的研究是管理学研究中的一个重要课题。管理活动是一个动态过程，要按照一定的管理流程，履行自己的基本功能，从而使管理目的得以顺利实现。没有对管理活动进行全面的分析，就很难发现管理活动各个环节之间的关系。

（一）过程管理

高校教育管理工作的流程可分为四个部分：计划、执行、检查和总结。

1.计划是起始环节，统领整个管理过程

计划阶段包括确定目标、制定方案、作出决定等。计划中最重要的一点，就是要明确管理目标。

2.执行是使计划付诸实施

执行环节指的是管理者在管理过程中，实施组织、指挥、协调、控制等一系列管理功能。它的具体内容有：设立机构、完善制度、组织人力物力、指挥行动、协调关系、教育激励等。通过人、财、物等各因素之间的联系，可以充分发挥它们的作用，从而实现规划目标。

3.检查是对执行的监督和加强

检查与执行是一体的。检查环节主要指的是实施管理的控制职能，它的重要内容包括构建反馈渠道和机制，为确保计划中设定的目标得以实现而提供反馈资料。该环节也可以检测方案的正确性，如有需要，可进行跟踪，对实施方案进行修正或补充。

4.总结是终结环节

总结是对计划、执行、检查三个环节的总检验，是以计划目标为标准，对管理的全过程进行总评价，同时为制订新的计划提供参考，具有承前启后的作用。

从这一点可以看出，管理目标是统帅，指导整个管理过程，管理过程中的每个环节都要服务于实现管理目标。高校管理者在进行管理时，必须始终保持清醒的头脑，牢记管理目标，为达成管理目标而努力。

（二）目标管理

目标管理是一种以目标为导向的管理方式。主要内容有：管理者与被管理者联合制定管理目标，将总体目标分为部门目标与个体目标两部分；动员所有的部门、成员，自觉地朝着自己的目标努力；以管理指标为依据，对工作进展情况、工作效果进行考核，并依据结果进行奖励与惩罚。

高校教育管理工作具有“难控”特征，主要原因体现在以下三个方面。一是学校教育工作的周期长，管理效率具有滞后性，其社会效应在一定时期内才会体现出来。二是教师工作的特点决定了其工作方式大多是个体劳动。教师工作是一种独立性很强的工作，它不像一个生产物质产品的工厂一样被流水线式地进行劳动分工。三是高校的教育“产品”（学生）很难被定型化、标准化。学生具有很大的可塑性，他们的性格、思想、智能各有不同，因此在管理过程中，要注重对其因材施教，这也加大了“控制”的难度。

因此，高校教育管理必须实现“过程”与“目标”的统一。

五、管理与服务相统一

一般而言，管理有两个功能，一个是对生产关系进行协调与控制，另一个是对生产进行组织。在实际的管理工作中，两个功能分别是管理和服务。这二者之间虽然存在着一定的差异，但是有着紧密且互相促进的关系。搞好了服务，就能提高管理水平，而科学、高效的管理又能提高服务质量。高校在教育管理过程中，要结合自身的特点，正确处理好管理与服务的关系。其关键在于如何处理好管理者与管理对象的关系。

第三节　高校教育管理原则

一、高校教育管理原则确立的依据

高校教育管理原则是高校教育管理工作中必须遵守的一系列行为规范，是高校教育管理工作的根本要求。它从高校教育管理实践中归纳、提炼而来，体现了高校教育管理的特殊规律与特征。在确立高校教育管理准则时，应以现代管理学的基本原理为依据，并结合高校自身的特点；不仅要做到在理论上比较完整，而且要注重在实践中的可行性。

（一）既要遵循一般管理活动的客观规律，又要遵循高校教育的独特的客观规律

管理有其自身的规律性，所有管理活动也要遵循其自身规律性。管理活动的一般规律指管理中各种因素相互影响、相互制约的基本规律。

高校教育管理既要遵循管理活动的基本规律，又要遵循高校教育的客观规律，对高校教育活动中的各类关系进行调整和协调，从而确保高校教育的目标和任务的实现。因此，对高校教育规律的理解与把握，是确立高校教育管理目标的客观基础。

（二）要体现高校教育管理活动的特殊性

高校是以人为管理核心的，它与企业管理有根本性的区别。企业经理与员工打交道，员工生产无意识的产品；高校管理人员则既要与教师打交道，又要与学生打交道。教师既是管理的客体又是管理者；学生不仅是“产品”，还是自我塑造的主体，同时也是管理者。为此，高校在管理过程中应充分发挥师生的主观能动性，为师生的独立思考与自由发挥提供良好的条件与环境。

同时，高校师生均为智力工作者，而高校教育管理是一种以知识为媒介的活动，其中存在着许多学术问题，所以在高校教育管理中应注重“行政”与“学术”的结合。这也正是高校教育管理的特色所在。

（三）应该具有系统性

高校教育管理的原则不应该是随意的、零散的，而应该是一个有整体性的、有目的性的、有联系的体系。

高校教育管理原则体系的整体性，是指所有原则都是以如何提高高校教育管理效能为目的而统一起来的，任何原则都不能离开原则体系的整体而存在。每个原则都有其作用，唯有在原则系统中才能发挥作用。在理论上，一个原则的作用并非只是一个原则的作用，而是一个原则的整体作用。每一个原则都必须在“提高高校教育管理效能”这一原则系统的总体功能目标的指引下，以一种合理的方式相互关联，使其充分发挥作用，这样才能确保整个原则系统的功能得以实现。

高校教育管理原则是高校教育管理人员在从事教育管理工作过程中，必须遵守的一系列行为规范和基本要求。高校教育管理原则系统的目标是运用原则来指导高校教育管理的具体实践，使高校教育管理工作更加合乎客观规律，进而提高高校教育管理的有效性。

高校教育管理原则系统的相关性是指高校教育管理原则体系中所包含的各种原则之间是相互依存、补充和制约的关系。

二、高校教育管理的基本原则

高校教育管理的基本原则既要符合普通管理学的基本理论，也要符合高校教育管理的基本理论，全面、准确地反映高校教育管理活动的特征、实质和规律。其主要包括以下四个原则。

（一）高校教育管理的方向性原则

管理是一项有目的性的行为，因此管理工作一定要有目的性。管理效率的高低，首先取决于管理目标方向的正确性。任何管理活动都是以达到某种管理目标为目的的。管理目的是管理活动的先决条件，管理目的决定着经营的走向。教育是人的一种社会行为，它的性质决定了它要适应于特定的社会、政治、经济环境，为特定的社会、政治、经济环境服务。

《中华人民共和国教育法》第五条规定，教育必须为社会主义现代化建设服务，必须与生产劳动和社会实践相结合，培养德智体美劳全面发展的社会主义建设者和接班人。这确定了我国高校教育管理的政治方向与服务方向，也确定了高校教育管理的目标。

1.要坚持社会主义政治方向

高校教育管理要有社会主义的政治导向。任何社会体制都必须通过其思想文化对人进行教育、影响。高校教育管理不可避免地要受到某种生产关系的约束，受到国家政治、经济体制的约束。

我国是一个社会主义国家，这就要求高校要用社会主义思想来对大学生进行教育，这样才能为社会主义建设培养出一批有坚定政治方向的建设者和接班人。我们要明确我国的高校教育具有社会主义性质，要为社会主义服务。因此，要在高校教育管理工作中始终坚持社会主义政治方向。

2.要坚持为社会主义建设服务

在《中共中央关于教育体制改革的决定》中，明确提出了“教育必须为社会主义建设服务”的要求。此服务要求是一个综合性导向，不仅包括为社会主义的政治服务，还包括为社会主义的经济、文化等服务。高校教育服务于社会主义建设，其基本任务就是为社会主义建设培养需要的专业人才，这就是高校教育的服务方向。

（二）高校教育管理的整体性原则

高校教育管理的整体性具体表现为：以人才培养为核心，以科学的方式进行各项工作的有效协调，并在一定程度上考虑到社会环境中各种因素的相互影响。

高校教育的基本使命是培养优秀人才。培养优秀人才，除了要有良好的教学组织外，还要有思想教育、师资培训、科研和后勤保障等方面的有效配合。高校不仅具有培养人才的功能，而且具有进行科研、直接服务于社会的功能。高校教育管理已从对教育与教学活动的单一管理转变为对教育、科研与社会直接服务的综合性管理。不管是培养人才，还是进行科学研究、为社会服务，都离不开社会体系，也离不开经济、政治、科技、文化等方面的因素。

1.高校教育管理要以培养人才为中心

高校教育管理各项工作的开展，必须服从于“培养人才”这一第一要务。在宏观管理方面，应先确立高校的人才培养目标，并通过组织、计划、协调、检查、评价等管理活动，确保目标得以实现。在高校教育管理中，所有的工作都要以学生为中心，教学、德育工作要按照人才的发展规律进行，科研工作要与教学工作相结合，后勤工作要服务于教学、科研工作，不能各自为政。

2.要处理好教学和科研的关系，使两者相互结合、相互促进

教学是高校人才培养的重要手段。教师的授课不仅包含了对学生的间接知识的传授，还包含了对学生的直接知识的传授，以及对他们的学习方式的引导。教育是知识的传授、智力的发展、能力的培养、思想道德的养成。

科研是人才培养的主要方式，高校在教学中融入科研内容，为学生智力的全面发展提供了有利的条件。通过参与科研活动，学生能够掌握科研活动所必需的基础理论知识，可以进行主动思考，在实践中培养自己的创新精神。科研活动的开展可以使学生形成严谨的治学态度、脚踏实地的工作作风，更好地促进师生之间教与学两方面的信息交流，让教师对学生的了解更加深刻、具体、全面，这有利于实现因材施教，更好地发挥学生的特长和主动性；还可以提升教师的专业素质，丰富和更新教学内容，改善教学方式，从而提升教学质量。

科研与教学的关系不应是对立的，而应是相互促进、相辅相成的。高校教育中所教授的知识，是对前人在高校教育中所掌握的知识的一种系统性的认识。科研活动就是以现有的知识为基础，对新的知识进行探索、总结，从而深化对客观世界规律的理解。所以，从人们的认识活动的角度来看，只有通过科研活动，将

生产实践和科学实验的结果归纳起来，形成各种各样的理论体系，让人们能够持续地获取新的知识和技能，才有可能对各门学科和专业进行教学。

科研是教学的先导，科研工作是源泉，教学工作是溪流。高校教师如果不进行科学研究，对所学学科以及与之有关的学科的最新动态和发展趋势进行及时了解和掌握，而仅仅将现成的课本知识进行灌输，就无法提升教育教学的质量，不能培养出能够满足现代科技快速发展和社会主义现代化建设需求的合格的人才。

3.发展科学技术文化是高校教育的重要任务

伴随着现代科技的飞速发展，科技向现代化生产力的转变速度在加快，科技产业在国民经济中所占的比重也在不断增加，对经济发展的影响也在不断增强。21世纪是高科技飞速发展的新世纪，我国的改革开放与社会主义现代化建设正处于承前启后、继往开来的重要阶段，国家的经济与社会发展越来越依赖于科技的进步。在这样的背景下，高校尤其是重点高校必须加大科研力度。

4.服务社会是现代高校的一项重要社会职能

高校的三大功能是培养人才、开展科研、服务社会，各个功能之间相互联系、相互补充。开展多种方式的社会服务工作，可以使学生更好地参与到社会活动中去，从而更好地适应社会和经济发展的要求；可以让教学更好地将理论与实践相结合，对学生的实践能力进行培养和训练，提高教学质量；可以更好地发挥高校的潜能，更好地调动师生、职工的积极性、主动性，利用有偿服务的方式，为学校筹措部分资金，填补办学经费的缺口，并将其用于改善办学条件，提高师生、职工的生活水平。

（三）高校教育管理的民主性原则

高校教育是一个开放性的体系，一个符合社会发展规律的体系。教育发展史早已表明，追求科学和民主是高校教育事业的重要任务。只有坚持科学，才能确保高校的教学科研充满生机；提倡民主，才能保证对科学的追求。

1.民主性原则要求高校教育管理民主化

高校教育管理民主化，即以高校全体师生为主体，以民主的方式进行教育管理。高校的教学和科研，从本质上来说，都是学术活动，它要求有充分的学术自由，需要有民主化管理作保证。所以，在高校中开展民主管理工作显得尤为重要。

高校师生从事的是学术性很强的教学、研究和学习活动，是一种精神生产，主要依靠自己的独立钻研和思考、探索。高校只有依靠内部激励，充分发挥师生的主观能动性，才能达到高校教育管理的目的。学校的培养目标、教学计划、教学大纲等，都是由教师来完成的；在教学内容、教学方法等方面，也需要教师在自己的实践中不断探索；同时，还要调动学生的积极性，主动合作，主动学习。将师生的积极性充分调动起来，让师生共同参与到管理中来，有利于加强凝聚力，增加对管理者的了解和信任，有利于及时改善管理措施，提高管理效果。

高校中有很多专业和课程，涉及教学、科研、生产、思想教育、后勤以及校内外关系等各个方面，涉及的工作很多，十分复杂。学校的管理者不可能完全对每一个专业、每一门科目、每一份工作、每一个部门都完全了解。因此，要管理好一所高校，必须充分发挥教职工的主动性，发挥他们的聪明才智，共同管理。尤其是关于教学、科研、学科建设等重要问题的决定，必须充分听取并尊重广大教师尤其是专家的意见。在专家的专业领域，倾听他们的声音，可以确保相关的决定是正确的，因为他们具有学术权威，在教师和学生中有很大的影响力，所以他们可以更好地获得教师和学生的支持和信任，从而可以更好地实现决策。

2.民主性原则要求制定决策、执行决策和评定决策民主化

在高校教育管理的决策工作中要充分发挥民主精神，这种民主精神具体表现为让被管理者以民主的方式参与到决策过程中来，这样才能集中大家的智慧，提升决策的科学性。

管理人员应及时了解并掌握决策的实施过程，并据此对其实施方案进行相应的调整与完善。在这个过程中，不管是对决策执行情况的把握，还是对执行的计划与方式进行调整与改进，都与民主作风密不可分。管理者要做到公平、公正、公开，不能在公共事务中为自己谋福利，要尊重下属，虚心请教，及时调整、改进方案。

对决策实施效果的评估，不但涉及对决策者与执行者的工作进行评估，而且涉及下一次决策的制定与实施。在评价过程中，将民主原则融入评价中，有助于提高决策人员和执行人员的积极性，促进其充分发挥创造力，从而提高高校教育管理效率。

（四）高校教育管理的动态性原则

高校教育管理是一个动态的、持续的、不断发展的过程。管理对象的内部因素是在不断发展变化的，这些因素之间的关系也是在不断发展变化的。所以，管

理活动的本质，就是要随着管理客体与环境的变化与发展而不断地调整它们之间的关系，从而达到总体的目的。

高校教育是一个与外界环境互动的社会—技术体系。其开放系统具有改变内部子系统的能力，以应对不同情况下可能发生的意外情况。高校教育管理的任务、组织结构、实施手段、实施主体等，都是一个动态的过程。

高校教育管理活动要遵循管理学的基本原则，在教学工作中要保持相对的稳定性，并要有一定的秩序。但同时，高校教育管理的目标、内容、方式和方法都在不断地改变，这就需要高校教育管理原理能够被灵活地应用。

高校教育管理是一个动态的过程。随着科技的进步，人们对高校的要求也在发生着变化。为了更好地服务于社会，高校应该积极地提升自身的能力，以满足经济社会发展的需求。这对高校的改革和创新提出了新的要求。高校教育制度改革的目的，是要逐步构建起一套行之有效的、能够积极主动地与经济、社会发展相适应的机制。就高校自身而言，每年师资力量要及时补充与调整，教学与研究的仪器设备也要经常更新；同时，随着经济、社会、科学技术的不断发展，高校也面临着新的挑战。

因此，高校教育管理的动态性原则要求高校教育管理通过不断的改革以主动适应经济和社会发展的需要。

动态性原则需要高校管理者做到以下几点。一是从战略性角度来看待问题。没有什么东西是一成不变的，只有通过改革，才能推动教育的发展。二是在改革和稳定之间保持平衡。在对不适宜的部分进行改革的同时，也要对高校自身的理性内核进行传承。我们不能因循守旧，固执于旧制度，固守现状，但不能对过去的经验一概置之不理。三是改革必须谨慎行事，不可朝令夕改。

高校管理的动态性原则，归根结底是由高校要符合社会、政治、经济、科技和文化的需要这一基本规律所决定的。高校教育管理客体对象、客观环境的发展变化，使高校教育管理工作不断面临着新的形势，要求管理者在新的形势下，进行新的工作。

综上所述，以上四项原则是高校教育管理的基本准则，具有普遍性和适用性。方向性原则体现了我国高校教育管理的本质特征，为高校教育事业的发展提供了基本的指导，为高校教育事业的发展指明了方向；整体性原则是对管理工作的基本要求；在高校教育管理过程中坚持民主性原则，为高校教育管理创造了一个良好的环境，为高校教育管理工作注入了活力；动态性原则为提高管理绩效提出了基本思路。它们互相制约、互相促进，对整个高校教育管理工作起着统领作用，形成了一套较为完备的理论体系。在实践中，这四项原则的应用是相互联系、相互补充的。

第二章　高校教育管理体制研究

第一节　高校教育内部管理体制研究

在改革开放之后，我国的高校组织结构出现了多元化的趋势。然而，目前高校内部的学科组织结构，基本上是在传统组织结构的基础上进行了稍微地改进，从而形成了一种新型的、以高校教学过程为目的的组织机制，该组织机制与高校教学过程的组织特征并不匹配，更不能与目前我国社会发展变化的需要和对现代大学制度的要求相匹配，因此，高校必须不断优化体制，进行创新，才能满足社会发展的需要。

一、加强高校内部管理制度体系建设

高校内部管理体系的构建是高校管理体系中的一项重要内容。要真正做到科学治校、民主治校、依法治校，就必须加快高校内部管理制度的标准化步伐。

（一）制定内部管理制度

我国高校制度体系建设的第一要务，就是要按照国家的规章制度、规范文件，建立和完善高校内部的各项管理规章和制度，从而使高校内部管理制度切实地实现有法可依。高校可以根据具体工作内容和属性，进行横向制度建设，如高校的法人制度、组织制度、人事制度、教学制度、学科制度、学术保障制度、资源配置管理制度等；还可以根据高校不同的管理层次，来进行垂直制度建设。高校内部管理制度体系建设的内容，应该包括高校内部管理制度的理念、目的、内容、依据，以及体系结构、功能和作用。

（二）制定学校的校规

高校在构建内部管理体系时，应先制定校规。一所高校的校规，是高校管理的基础，用来指导高校的教学、科研、学科建设、学生管理、后勤保障等各方面的工作。

在制定校规的过程中，应当着重体现以下几点。

（1）具有法律效力，即学校制定的所有规章制度都要符合法律法规的规定。

（2）具有民主性质，即在制定任何一项制度时，都要广泛地听取并吸收学校各方面的意见。

（3）全过程程序化，即每一种制度的制定都要经历草拟、讨论、投票、公布等四个程序。

（4）具有针对性和可操作性。

（三）进一步完善高校党委领导下的校长负责制

推行党委领导、校长负责、教授治学、民主管理的现代高校管理制度。

（四）对我国高校的基层学术组织结构进行改革

在总体上，对各层级学术机构在资源配置、目标定位和功能定位等方面作一定的规划。

（五）推行教师岗位分类管理和公开招聘制度

在高校中，要逐步建立起一套以岗位绩效为核心的薪酬体系，加强对人才的合理分配，并在此基础上构建出一套符合我国国情、符合市场经济体制的高校人事制度。

二、正确调整权力结构，强化学术权力

高校的基本特征是具有一定的学术性，其主要活动领域也与学术性密切相关。同时，由于我国高校作为国家的人事编制单位，其教师同时也是一名人事干部，其教学和科研活动，以自上而下的行政培养模式为主，因此高校的学术秩序直接由高校的行政管理来确定。在高校内部，如何处理好高校的教学与办学关系，是高校内部管理体制改革必须面对的重大问题。

当前我国高校大部分的权力分配方式是由行政权支配，权力中心偏向于上层，各类学术组织均受行政机关的控制。尽管这一模式有其可取之处，但是在当

前的改革阶段，它的局限性也日益凸显出来，所以，如何正确理解和划分行政权与学术权的关系，对学术权给予足够的尊重与加强，并在高校中建立起以学术权为主的权力运行机制，就成为一个迫切需要改革与解决的问题。

（一）行政权力和学术权力要适当分离

在党委领导的校长负责制下，在行政权力中，把本来不属于自己权力范围的学术事务，转而交给学术权力机构去处理。党委负责把握学校发展的总体方向，把握大政方针，但不能包办一切；以校长为核心的管理机构，应当更加重视对学校的管理，把学术权下放给以专家和学者为代表的教师，让他们行使学术权力，管理他们的学术活动。

（二）厘清行政性事务与学术性事务

一般而言，在高校中，与党建、思想政治等有关的工作，组织机构的设置和教师人事的任免，高校改革的整体计划，高校制度体系的制定等，由党政机构来完成。与学科建设、专业设置、教学计划、科研方向等相关的决策与管理则应交于专业学生机构如学术委员会等来决策。

（三）强化学术管理机构以及学术人员在高校管理中的地位和作用

我国高校应强化学术委员会、教授委员会等机构与组织的功能，充分发挥其特有的功能，并赋予它们在相关学术问题上的决策作用以及在管理问题上的建言献策作用。

高校要充分发挥三种力量——政治力量、行政力量和学术力量的作用。从高校改革的需要和高校未来发展的趋势来看，高校行政管理和学术管理都要走知识管理的道路。一方面，它对学术和行政两种权力的最优组合提出了更高的要求；另一方面，高校各个层次的管理者也必须具备两种不同的文化背景，即“学术”和“行政”背景。

三、推进我国高校学院制建设，扩大学院的自主权

学科与学院在一定程度上共同构成了高校的学术组织形态。就系统本身而言，知识任务是其核心，是其运行的一个重要保证。

（一）实行学院制的主要作用

实施学院制的作用主要体现在以下三个方面。

1.促进资源基础的多元化和生态化

在开发资源方面，院系拥有多种参与主体和多种发展方式，所以，相关的教师可以从以往地向校方要资源，转向与更多的外方组织资源进行合作和竞争。

2.促进基层学术组织的能力提升

高校资源开发实际上是教师能力的提升与整合，教师与其他机构在资源开发上的合作与竞争，是一种更大范围的信息交流与协同沟通，也是一种产、学、研合作能力的提升。

3.促进基层学术组织形式的健全与完善

高校学院制的出现，使高校的管理重心下移，改变了传统的以教学科研为主的管理方式。重心下移，使学院层级的基层学术组织能够建立更快更灵活的组织响应机制，也使教职员工更便利地主动参与到学院管理模式中，有利于扩大学院民主制度和管理创新，提高学院自身的发展能力。

（二）实行学院制的关键

合理界定高校、学院、系之间的权力与责任，注重学术权与行政权的分级制。我国高校在实施学院制的同时，也必然要求高校的管理重心从“统一管理”转向“两级管理”。为了更好地发挥自身的宏观管理职能，高校应把工作重心集中在宏观的统筹规划与资源调控、重大的人事任免决策、对共性的事务进行有效的整合与管理，以及其他一些关系到全局的对内对外重大事务的处理上，以保证学校的整体发展方向和办学效果。

1.学院制的核心在于获得对自主资金和资源使用的决定权

学院在学科建设、教学改革、科研、资源开发、教师管理等领域具有自主权。作为与教师关系最为密切的基层学术机构，只有在学院层次上，个人的潜能才能得到最大限度的发挥。

2.学院制的关键在于改进和完善学院决策机制

学院获取相应决策权的基础应是建立一套基于相应学院的教职工集体决议制度，并接受学院监督组织和学校监督评估机构的监督和评价。只有在决策权、行政权和监督权三个层次上，形成校院两级的组织监督与程序设计，才能促进学院制实现民主参与、民主决策，才能稳定基层学术组织，促进学院发展。

3.高校指导模式是学院制发展的重要内容

在学院制模式下，高校更多地发挥了组织者和监督者的作用，其主要职责是制定发展规则，维护管理程序，平衡组织冲突，协调学校、学院、职能部门之间的利益关系。在管理方式上，高校应完善校级职能部门的设计，促进校级职能部门从一个行政资源分配型组织，向一个服务指导型组织转变，从一个与学校相关的事务决策与执行部门，向一个与学院相关的事务指导与监督部门转变。

从学院制的实践中可以看出，学院制有助于改变和理顺校院之间的关系，解决因为权力过于集中在学校层面导致的管理僵化和适应性不强的问题，推动高校的管理模式从资源分配型的行政决策模式向服务指导式的管理咨询模式转变；有利于更好地发挥高校教师的主观能动性、创造性，特别是充分调动教师在资源开发、科学研究中的积极性。

四、加强高校人事制度改革的制度重构

高校人事制度改革应以更为有效的方式进行，机构重组就是其中的一种形式。目前，实施岗位任命制是高校人事制度改革的突破口。同时，也有一套完善的学术评估制度和分配制度作为支撑。关于实行教师聘任制的问题，是我国高校几次人事制度改革的重点。从我国高校发展的现实出发，应该引入一种新的竞争机制，抛弃“平均主义”、吃“大锅饭”等思维方式。要对非终身聘任制与终身聘任制进行清晰的区分，依据过程导向理论和制度变迁理论，从以下几个方面来加强我国的高校教师聘任制度。

（一）高校拥有自主聘任的权力

就现行的人事制度而言，可以试将职称评审制改为聘任制。因此，高校的行政人员、相关的专业技术人员、助教、讲师、副教授、教授等的任用，皆由高校自主决定，政府只负责监督。

（二）设置终身教职制

终身聘用制作为一种新型的聘用制，在我国高校进行人事制度试点的过程中，能够充分调动骨干教师的积极性，保证学术自由。对此，我们应当在法律上给予保障。除此之外，还应该建立起一套与终身教职评估有关的制度。在设置终身教职的时候，各个高校应该对激励的连续性问题进行考虑。

（三）试行“非升即走（转）制度”

不同类型、不同层次、不同使命的高校，在体制改革和创新上，不能“一刀切”。那些地理位置好、级别高的高校，可以进行更大的改革。比如，对新

来的教师（“新人”）施行聘用制、终身聘用制等，同时还可以对一些资深教师（“老人”）施行临时的“非升即走（转）制度”。那些地理位置不具备吸引力、办学层次较低的高校，则可试行“老人”旧方式，“新人”新方式，其中“老人”暂不参与改革，而对一些“新人”，则采用聘用制与终身聘用制相结合的聘用制。

（四）构建完备的学术考核制度

高校教师的评估制度，以教学与科研为基础，即以学术为基础。如何来设置考核标准才是合理的，采用什么样的考核方式和手段才能避免考核结果的失真？如何才能避免考核过程中的主观随意，同时又能适应教师工作难以量化的特点？如何对考核的信息进行反馈和利用，才能发挥出激励的作用？各个高校应该采取积极的态度，构建一套合理的、易操作的、科学的、完整的学术评估评价制度，这是目前相关人事制度改革的第一要务。

五、加快后勤现代企业制度建设

现代企业制度是适应社会化大生产，符合我国市场经济发展的要求，以产权制度为核心，以有限责任制度为保证，以现代公司制度为主要形式的一种产权明晰、权责明确、政企分开、管理科学的新型企业制度。高校后勤事业单位的组建，要与现代企业制度相适应。

（一）理顺高校与后勤的产权关系，做到产权清晰

产权制度是现代企业制度的基础。在现代企业制度中，一个最大的特点就是公司的产权清晰。明确产权关系的具体措施包括以下三个方面。

（1）界定高校产权。在高校后勤管理工作中，应将高校的资产所有权和财产权分开。

（2）界定高校与后勤部门的产权。对高校与后勤部门的资产进行清晰的界定，并对其进行合理的配置。

（3）评估原有的后勤资产。对不良资产进行清理，对经营资产、非经营资产进行剥离。

（二）做到高校与后勤权责明确

厘清高校与后勤部门的权力和责任，是建立和完善与之相匹配的现代法人治理结构的关键。

（1）高校应赋予后勤的经营活动权力。高校应在资金划拨、人员建设、配套条件、设施等各方面给予后勤部门大力支持；当后勤运营企业破产时，高校也应根据其出资金额对企业债务承担相应的有限责任，而非无限责任。

（2）后勤企业应完全面向市场。后勤企业以市场需求为基础，组织生产和从事经营活动，以经济效益最大化为主要目标，在市场中平等竞争，实现优胜劣汰。作为资产管理者和独立的法人，它们应该依法自主经营、自负盈亏，为学校的教学、科研等工作提供优质的后勤保障。后勤企业应该根据国家的有关规定，在对学校负责的情况下，对国有资产做到增值和保值。

（三）建立科学完备的后勤管理制度

高校后勤要与当前国家和社会的需要相适应，将现代企业制度作为标准，制定出一套行之有效、科学完整的后勤管理制度，从而推动高校后勤事业的发展。现代企业制度提倡科学管理，其本质是企业运用价值法则、竞争法则、供需法则、社会化大生产法则对市场进行组织与管理。因此，高校科学后勤体系应包括以下五个方面。

（1）建立一套科学的后勤组织体系。

（2）建立一套科学的后勤管理体制。

（3）建立一套科学的后勤配送体系。

（4）建立一套科学的后勤服务人员管理体系。

（5）建立一套科学的后勤监管体系。

高校后勤企业要加速构建和健全现代企业制度，同时要正确处理好产权制度、组织制度和管理制度的关系，立足于高校及后勤企业的现实，借鉴其他企业的成功经验，切实加速构建一套符合国情、校情、企情，并与国际通行做法相适应的、有中国特色的、现代化的社会主义高校后勤企业体系。

第二节　高校教育教学管理体制研究

目前，我国的高校教育在发展过程中面临着一系列问题。从学校教育管理角度看，我国高校教育存在办学资金短缺和办学资金浪费之间的矛盾、学术管理的主体性与高校内部行政管理规范的矛盾等；在培养创新型人才方面也存在着许多亟待解决的问题。

在此基础上，结合我国高校教育改革与发展的实际情况，我们提出了我国高校教育改革与发展的新思路。本节提出了从高校实际出发，进行教育教学管理体制改革的具体措施：更新教育管理理念，突出“以人为本，以生为先”的教学管理理念；以学院制为主，完善学分制；建立高校教师培养制度；协调好教学和科研之间的关系等。

一、高校教学管理体制创新的对策探讨

（一）突出“以人为本，以生为先”的教学管理理念

教学管理的主体是学生，教学管理工作应遵循“一切为了学生，为了一切学生，为了学生的一切”的原则，强调“以人为本，以生为先”的教学管理思想。

1.确立尊重学生自主权的教学管理思想

充分尊重学生的知情权、选修权、参与权等自主权，为学生自主学习、自我管理、自由发展提供必要条件，从而培养学生自主构建智能结构的能力，使其成为具有创新精神和创造力的人才。

（1）让学生有知情权。学生有权了解学校的教学大纲、训练方案、各项规则、课程安排、师资水平、训练经费的运用等有关学习、生活的问题。学校应在学校、院（系）和学生三个层次上给予学生了解的权利。

（2）让学生有选修权。选修权包括选修专业，选修课程，选择导师、学习方法和学习时间等。

（3）给学生以参与权。给予学生民主参与学校教育教学活动的机会，有利于他们形成主人翁意识和自主自立能力。比如，在教学管理方面，可派出一名学生代表，参与学校层级或院（系）层级的教学事务管理，参与教学计划的制订、教师的教学评价、信息的收集和反馈等活动。而参与权在课堂上的实施，可使学生在课堂上对所教内容有更深层次的理解，从而使课堂教学质量得到提高。

2.树立个性教育的观念

要充分发挥学生的个性，充分发挥学生的创新潜力，必须转变教育观，树立个性教育观。个性教育是教育者在教育过程中，尊重受教育者的个人差异，强调受教育者的主体性，促进受教育者的个性、独立性和谐发展。因此，在课堂教学中，教师应重视学生的个性差异、发挥学生的主体作用、建立新的师生关系。

（1）对每个学生的个性差异给予充分的尊重。教师和教学管理人员在对学生进行教育教学时，要充分考虑学生背景的差异，因材施教，使每一个学生都能

成才。学校应该有一个宽松的环境，让学生自由地表达自己的观点，探索自己的知识。对于个别的、不按常理出牌的学生，学校应该给予理解、尊重和保护。苏霍姆林斯基曾说过："认识到个体的不同，对每个人的教育都是有益的，对培养每个人的自尊也是有益的。"在教育过程中，学生的个性能否得到发展，会影响到他们今后是否具有自觉思考、独立判断、敢于质疑、主动探究、敢于探新、善于探索、积极参与、勤于实践的创新精神和创造力。

（2）在课堂教学中突出学生的主体地位。增强学生的主体性，可分为强化和培养两个层次。一是教师在教学中重视培养学生的能动性、创造性和自主性，使他们成为自我教育、自我管理和自我发展的主体。二是教师注重对学生主体地位的培育。在教学中，教师要引导学生正确地认识自己，对自己进行评估，并鼓励他们大胆地表达自己的意见，而不是被教师所谓的标准答案所束缚。

（3）建立新型的师生关系，即以学生为主体、教师为主导的新型师生关系。构建这种新型师生关系需要做到以下两点。

一要把学生看成独立的、可自己发展的、可自己提高的人。教师要改变由于学生的所思所想或所作所为与自己的想法或要求不一致，而对该生给予消极评价的做法，要对学生的不同思维方式和行为特点进行客观的认识。

二要加快教师角色转换的步伐。教师要以独特的人格魅力、广博的学识、高尚的品德，去引导、鼓励、影响学生，而不是以"权威"的身份使学生遵从自己。教育家杨福家曾有一句话："做教师的，是让学生心里有火，而不是让他们去灭火。"为此，我们要改变"强权—顺从"的传统关系，破除"唯师"和"唯上"的思想，将学生视为独立的个体，尊重他们的个性，建立起一种相互激励、相互促进的师生关系。

高校只有坚持"以人为本，以生为先"的教学管理理念，尊重学生的自主性，树立个性教育观念，才能给学生创造个性发展空间，才能最大限度地发挥学生的潜力，才能培养出具有创新精神和创新能力的人才。

（二）建立以学院制为主体的教学管理体制

在建立学院制的前提下，要根据学校的具体情况，制定相应的学校管理制度。在学院成立后，要注意的是校、院（系）两级管理体系中的职、责、权的划分，院（系）管理自主权的扩大，以及学校对院（系）教学管理的重视。

1.明晰校、院（系）两级职、责、权的划分

我国高校的学院要把自己建设成大学的人才培养、学科建设、科学研究和管理指挥中心，必须遵循职、责、权相统一的原则。要克服“有职无权”“有责无权”“有权无责”“有职无责”的弊端，提高教学管理的工作效率。

高校的校级领导和各职能部门要改变以往包揽各种日常管理事务的方式，由过程管理向目标管理转变，减少对教学、科研等具体工作的干预。校级决策部门实现目标管理的基本途径是，根据一定时期的教育发展趋向，对学校的发展作出一个整体的计划，将整体目标分解到各个学院（系），形成各个层次细化的分目标，以总目标指导分目标，从而对各部门和人员的工作进行检查。

在决策层次上，学校行政机关的主要职、责、权包括：把握党的方针政策、掌握学校的发展方向、制定未来发展的目标与重点；负责规划和设计人才培养方案，制定和完善教学和学籍管理办法，开展专业和课程的考核和评估，建立和完善教学质量保障和监控体系；保障重点实验室、图书馆、网络中心等公共资源的建设与管理；跨院一级，成立跨学科的研究中心和重大科研项目小组，加强更大范围的学科间的横向交叉和综合。

院（系）根据学校的总体发展方向和各项工作部署，制定该院（系）中长期发展的方向和目标，统筹协调各学科的建设，统筹分配院（系）的人力、财力、物力，充分发挥各类资源的作用。同时，高校教育不能局限于学校教育，应该走出学校、走向社会。应根据社会的发展需要，处理好学院与社会、学院与企业的关系，调动和利用院（系）的资源，与相关行业进行广泛的联系。院（系）级的职、责、权主要包括：负责基础管理和教学、科研；负责本校的教学、科研、组织机构的组建，人事的安排，奖金的发放等工作；负责本单位的教学、科研工作的管理与监督。

2.扩大院（系）管理自主权

高校应当在培养方案的制定与实施、专业的设置与调整、教学经费的管理与使用、组织人事管理、自主配置资源、内部机构设置、实践实验基地管理、对外合作交流等方面，扩大院（系）的管理自主权，提高管理效率和办学效益，更好地履行高校为社会培养人才的职责。

在学院制尚未建立之前，我国实行的是校、系、室三级的管理体制，管理权大部分都集中在校级部门，系、室的权力很少，因此，扩大院（系）管理自主权

的方法，主要是校级部门授权。从管理的角度来看，权力的运行大致可分为以下两个层次。

一是决策层级上的权力下放，将部分决策权下放给下属的管理部门和职能部门；二是实施层级下放，也就是让下属部门或各部门在各自的权限范围内独立行使职权。若由高校在行政层面授予实权，则学院就变成了“虚的实体”；如果在决策层面授予权力，那么该机构就是一个实体机构。虚体学院是在不断深化教育改革的基础上，逐渐向实体化发展的。虚体学院要实现向实体学院的转型，最有效的方式就是由高校主管部门赋予其在决策层级上的权限。

高校职能部门在分权过程中，要坚持以学权下移为主要原则、行政权下移为辅助原则，从而更好地发挥高校的学术职能。高校把原本在学科层面上的权力，如专业和课程的设置、研究课题的申请、学生的管理、教师的任免等下移到院（系）级；将一定的资源分配权、机构设置权和人事权等行政范围的权力也下移到院（系）级。同时，高校各职能部门还承担着统筹规划、监督管理、规范服务等职责，对高校的各项工作进行指导和监督。

高校管理自主权的扩大，从某种意义上说，可以改变高校管理决策权力集中的现状，使高校管理层次化成为可能。想要推行真正学院制，最重要的就是将管理权真正交给学院，不然学院制就无法发挥出它应有的效果。

3.落实教学管理在院（系）中的核心地位

加强学院（系）的教学管理，可以从保证教学经费的有效投入、加强教学管理的科研和提高高校教学管理人员的素质三个方面来进行。

（1）确保教育投资。对学院（系）对外科技服务和短训班的收入，学校按照总收入的一定比例上交，其余部分留作教学经费。学校每年都会对急需的教育资金进行专项补助。对于那些在教育与教学方面有较深造诣的教师，可以通过对他们进行相应的训练，提高他们的专业水平。这些教师要把自己在实际工作中所获得的经验加以提炼，为其他教师的工作提供理论依据和实际借鉴。

（2）提高教学管理人员的素质。学校和学院（系）要鼓励教师参加各种业务培训，使教师进一步了解教育科学理论，掌握管理专业知识，并能熟练使用现代科技手段。在符合条件的情况下，在招聘教学管理人员的时候，就将是否具有教育科学理论、掌握管理知识和现代技术手段作为考核条件，把好入口。

从全面直接管理到两级教学管理，是教学管理模式的重大转变。在改革过程中，校、院（系）两级要理顺关系，明确职、责、权的划分，校级职能部门要将适当的权力下放到院（系），确保教学管理在院（系）诸多管理中的核心位置。只有这样，学院（系）才能在学校的总方针指导下，成为培养创新人才的中心，营造出一个有利于创新人才成长的良好氛围。

（三）健全学分制教学管理制度

高校可以从选课制、导师制、弹性学制三个方面来完善学分制教学管理制度，充分发挥学生的自主性，尊重学生的个性化差异，调动学生的积极性，培养学生的综合能力，培养学生的思维习惯，建立起合理的知识结构。

1.完善选课制，发挥学生的自主性

学分制是基于选课制的，选课制让学生可以在校方所规定的范围内，自由地选择自己的专业、自己的课程、自己的教师、自己的上课时间和自己的学习进度。学分制可从选修课的设置、选修课的比例以及学生的自主性等方面进行探讨。因此，选课制度主要从三个方面来完善，即增加选修课的数量、提高选修课的质量、加强对选课的管理与指导，从而为学生提供数量多、质量好的选修课，同时也为培养具有创新精神的学生奠定坚实的基础。

2.完善导师制，尊重学生的差异性

实施导师制对于学分制的成功实施具有重要意义。导师制的推行，旨在促进学生的个性发展，为学生制订个性发展策略，顺应学术需求，提高学生的学习积极性，从而提高教学质量。目前我国高校推行导师制的力度仍需加强，可从组织、思想、数量等多方面着手。

（1）成立指导教师团队。为方便导师工作的组织及管理，学院应设立导师委员会，并于系内设立导师工作组。这个工作组是由学校各相关部门的主管组成的，它的任务是召开会议、听取意见、解决问题、安排工作。导师工作组的工作内容有：指导教师的遴选、指导职责的确定、指导方案的制定、信息的反馈、经验的分享以及最终的评估。

（2）转变部分教师的思想观念，改变学校的管理方式。

一要进一步认识到学分制的重要意义，深刻认识到导师制的必要性。在思想和行动上都要高度重视、积极配合，才能保证导师制的顺利进行。

二要认清教学和研究之间的互补关系。高校的基本使命是教育和培养人才；研究工作对于提升教师的素质、教育教学的质量、高校的综合素质都有着十分重要的作用。要使教育与科学研究紧密结合，培养出高水平的创新型人才。在承担一定的教学研究工作的时候，指导教师还需要对学生的学习情况、选课情况、学习成绩等展开全方位的调查，并回答学生在学习方法和专业知识等方面的问题；在此基础上，通过自身的言传身教，发挥自身的人格魅力，对学生进行感化、引领，把学生培养成“有理想的大学生”。

（3）在导师制下，学生和指导教师进行一对一的沟通，可以提高学习效率，然而，由于目前我国高校的师资力量十分有限，而学生又很多，因此很难在高校中推行真正的导师制度。为解决这一问题，可以在高校中推行“班主任—辅导员”一体化的“班级导师制”。所谓导师制度，就是给大学生安排一名导师，因此学生与导师的比例可以更大一些。虽然这样做难以与教师亲自指导相媲美，但是在现在师资力量有限的情况之下，这样做无疑是一个很好的选择。

3.实行弹性学制，调动学生的积极性

弹性学制指的是一种以学分制为基础的教学管理制度，只要学生完成了学校规定的学分，就可以让学生提前毕业，也可以让家庭条件困难或有意向创业的学生中途停学工作或创业，延长学习年限。弹性学制的设立，给予了学生很大的自主权，使学生能够更好地发挥自己的主动性。

（1）突破学科壁垒。所谓的突破，就是跨系学分互认。为了解决转专业困难的问题，高校的各个院系可以成立转专业指导小组和评估小组，它们的职责就是为学生提供咨询服务，接受转专业的申请，并对其进行考核、评估，从而确定该生是否符合转专业的要求。转专业必须在校内教育资源许可的条件下才能实施，要想彻底放开是不可能的。

各专业之间的学分互认，可以通过打通主、辅修之间的界限来实现。凡在所规定的学制内，以自己的能力选修副系课程，虽不能完全符合所选系的所有条件，但所修得的科目，可以作为所选系的选修课学分。突破专业壁垒，既可以解决专业设置过于狭窄和专业过于单一的问题，又可以满足学生对专业的兴趣，调动他们的学习热情。

（2）突破学习时间限制。在学年制中，假定所有的学生起点相同、学习水平相同，用相同的课时完成相同的学业。高校应该给学生提供一个灵活的学制，让他们自由选择自己想要的学制。

一是让学生们可以有更长的读书时间。学生可以在指定的学年内修完课程，或者可以继续修读，一般修读的学年为总学年的1.5倍或2倍。

二是让学生把学业分期进行，可以一边工作一边学习。以河北经济贸易学院为例，该院提出了“让路”的原则，同时也提出了“三明治”教学方法：前者是指如果遇到有意义的社会实践与课堂教学时间发生矛盾时，可以适当推迟课堂教学，让实践活动先行；后者是在两个学年中间的一次或多次的社会实践。该院从而为提高大学生的实际动手能力提供了一个良好的平台与保证。

三是准许学生在没有太多限制的情况下，可以申请休学或离校。

（3）改革学位制度。一要改变高校毕业生不能提早获得学位这一现状。在完成了所有的学分后，学生即可拿到学位证书和毕业证书。二要废除毕业后没有学位这一规定。对在读期间没有修满学分而没有拿到毕业证、学位证的同学，准予返校补修，完成学分者即刻发给毕业证，有资格获得学士学位者也可同时获得学士学位。通过这种方式，使学生的学习灵活性从在校时延伸到毕业后。

这样的改革虽然增加了管理者的工作量，但是给学生提供了便利，让他们在学校里可以发挥出自己的主动性、积极性和创造性，这就是以生为本的教学管理理念。

（四）完善高校教师培训体系

高校教师的培训，是在我国高校里开展的一项教师教育。加强师资队伍建设，既是教师教学质量的有效保障，也是人才培养质量的保障。随着教育改革的深入，高校师资队伍建设有了长足的进步，但是师资队伍建设中还存在着许多问题，严重制约着创新型人才的培养。

高校教师培养中主要存在以下三个问题。

1.注重业务培训，忽视师德培养

当下的高校教师培训不管是由学校举办的内部培训，还是由教师参与的外部培训，很多都具有较大的功利性，而且大部分培训内容都是为了提高学历、职称评审和出国进修而进行的，对师德的培养并没有给予足够的关注。即便是在高校开展了“教师职业道德修养”课程的教学，也只有寥寥数日的教学时间，并不能从整体上提升教师的职业素养，也不能从根本上解决问题。

2.注重学历培训，忽视非学历培训

很多高校的教师培训过分注重获得高学历，忽视了对教师整体素质的提高。

3.注重培训过程，缺乏培训考核

当前，多数高校教师培训注重过程，缺少对整体绩效的考核、监督和评价，导致教师培训效果不佳，制约着教师培训工作质量的提高。这些问题使教师培训失去了提高教师思想素质、教学水平的功能，严重影响了对创新人才的培养。

高校师资的培养要坚持立足于国内，以在职、重视实践、注意多样化的方式，以中青年教师为主要培训对象，重视高层次人才的培养，强化师德、提高教学和科研水平，推动学校的发展。

（五）协调教学与科研的关系

要解决教学与科研的失衡问题，必须确立学校的定位，调节教师的心理，建立公平、有效的评价机制，促进教学与科研的互动转化。

1.明确学校的定位

如果将高校分为研究型、教学研究型、教学型三种类型，其发展的侧重点就会有所不同。相对于其他高校而言，研究型高校将更多地参与到涉及国家长期利益的基础科学研究中，也将更多地参与到国家重大科技计划中来。

2.调节教师的心理

有的教师认为，只教书，既无前途，又无“钱”，得不偿失；而做科研，则可名利双收。对此，高校应适时地对教师不良的心理进行调节，改变其“急功近利”的心理状态。

一要由外而内。高校要提高对教学的认同，与科研型教师相比，教育型教师也应得到同等的尊重，享有同等的地位；同时教育型教师要积极提升自己的教学水准、学术水平。

二要加强内部控制。高校教师应加强自身道德修养，以正确的道德观看待各种利益关系，妥善处理教育和科研之间的矛盾，在工作中协调好教育和科研之间的关系，实现二者的平衡发展。

3.建立公平、有效的评价机制

根据高校的办学特色，权衡教学与科研在教师评价中的比例，参考教师的教学工作量、教学水平与效果、创造性思维、和谐发展的人格等，综合考虑教育价值、学术价值、社会价值等各个方面，建立一套科学的评价指标体系。评价指标体系包括评价主体、评价方法、评价内容和评价标准四个部分。

4.促进教学与科研的相互转化

高校与企业或研究机构不同，高校的研究工作要与对大学生的培养相结合，不能离开大学生的“本”去进行。把研究人员和学生联系起来，就是把研究人员的研究成果和教学成果的相互转化。

科研向教学转化的具体表现为如下几个方面：在课堂教学中，教师既要教授已有的专业知识，又要向学生介绍本专业的最新发展；把研究结果编入教材，带进课堂，带进教学实验室；实施研究性教学，增强师生间的交互作用，使学生在学习中积极地参与到研究中来；吸纳大一学生参加研究工作，以提高学生的科学意识及创造力；在大学生的课余科学研究中，积极开展大学生的科学研究和创新实践。

从教学向科研转化主要表现在科研课题来源于教学，即教师在开展教学和教学试验的过程中，能够找到新的科研方向；能在指导学生的毕业设计、论文、实践等过程中得到灵感，并能有效地解决问题；为了更好地适应新课程的要求，探讨新的教学方法。正如雅斯贝尔斯所说，“只有自己亲自做过研究，才能给别人上课，而一般的教师，只能给别人灌输枯燥无味的东西”。高校教师特别是高年级教师，应该尽量多贡献一些“原创作品”，即科研成果，这样才能使教学内容不断丰富。协调好教学与科研的关系，既有利于提高教师的教学与科研水平，又有利于培养创新人才的思维能力、科研能力和创造力。

二、高校教学管理体制创新的实验研究

随着社会的快速变化，人们对人才的需求越来越高，高校教育也受到了空前的挑战。高校正在从各个层面上将改革进一步深化，其中，开设教育改革实验班是一种重要的尝试。

（一）教育改革实验班教学管理体制的创新

我国高校的教育改革实验班，虽然其办学形式、培养模式和管理模式不尽相同，但其培养目标有着惊人的相似。每个实验班的培养目标可以概括为：培养基础扎实，具有创新精神、实践能力强、具有国际竞争力的高素质复合型人才。为更好地实现这个目标，各个教育改革实验班在教学管理制度方面做了以下几个方面的改革。

1.教学管理思想创新

将高校教育与研究生教育结合起来，实验班在大学阶段仍以基本教育为主要

内容，到了研究生阶段才主要开展专业教育。本硕一体教育是一种全新的教育理念，但是由于不同高校的具体情况不同，各有其自身的特点。

2.教学管理方式创新

在教学管理上，与一般的课堂相比，实验班采用了分层教学管理模式。在此基础上，将课程分为两个阶段，即基础课程和专业课程。在基础教育阶段，也就是进入高校的第一年和第二年，学生不再像过去一样，按照一定的类别、科目进行学习，而是同时进行基础教育。在第三年和第四年的“专科教育”阶段，则根据本专业的培养方案，对“专科”进行专门的培训，在有能力的条件下，可以提前参加科研活动。

3.教学管理制度创新

在实验班这片“试验田”中，开设了教育改革试点班级的高校全面实行了学分制。以“元培计划”试点班为例，“元培计划”实施的是“以学生自选课程为主、辅导员为辅”的学分制。在进入高校的第二年，实验班的学生将会由一名辅导员根据学生的特点、特长和志向，来指导学生选择专业，选择课程，制订个人的学习计划。在辅导员教师的帮助下，学生可以按照自己的实际情况，进行3~6年的学习，最短3年就可以完成学业。如果4年之内没有完成高校的学业，可以在4年之后继续攻读高校，直到完成全部学分为止。第二个学期结束或第三个学期开始的时候，只要学校有足够的教学资源，符合条件的学生就可以自由选择专业。

4.教学管理过程创新

一是强调基础而不强调专业。教学改革实验班按大类招生，不分专业，坚持“加强基础、淡化专业、因材施教、分流培养”的办学方针，充分利用综合性高校学科齐全的优势和优质教育资源，将低年级基础教育与高年级宽口径专业教育相结合，突出基础、能力、素质三要素的全面培养。

二是选拔优秀教师。每一所高校的实验班，都要拥有全校最好的师资力量。

三是提升学生的技术创新能力。实验班为学生提供了一个很好的平台，使其有机会参与到国际和国内的学术交流中去，从而提高他们的科学研究和创新能力。

（二）教育改革实验班教学管理体制创新的启示

虽然教育改革实验班在很多方面都进行了创新，并且显示出了一定的优越性，但由于受高校自身条件的限制，目前还不适合在短时间内向全校推广。但这并不意味着否定在教育改革中实验班的成功，因为它为我们的教育改革指明了方向。

1.坚持推进教学管理制度创新

从学生角度来说，在现有的学分制、学年制之外，还应采取更加灵活的选课方式，更加有利于学生学习的导师制以及学籍管理系统，按照学分进行注册、缴费、结业等。从教师角度来看，要加强对教师创新能力的培养，为其创造一个良好的创新环境。

选择课程的自由度较高，是学分制的核心。在辅导员的引导下，学生在专业选择、课程选择、授课教师选择、学习进度等方面拥有很大的自主权。导师制度需要在学校内部进行导师选拔，副教授和教授都可以作为学生的学习导师。高校应在每一学年对导师的工作表现进行一次评估，并将评估结果作为导师晋升和岗位聘任的重要依据。随着高校学分制的全面推行，按学分收费将是全面实施学分制后的必然趋势。收费金额按目前学年制的收费标准折算的单位学分收费标准计算。

在对教师创新能力的培养上，以持续的在职教育为主。科技的发展日新月异，这就要求教师自身的知识必须与时俱进，才能满足教育的需要。教育行政机构应依据办学总体目标和专业设置，为教师培养提供有针对性的方案。该方案主要是对培训人员选择的条件及方法进行规定，并对培训的内容、方法、时间、资金以及培训期间的待遇进行规定。

为营造良好的创新氛围，学校可从两个层面着手：一是物质化，二是精神化。营造物质环境指的是要强化硬件条件，给教师营造一个更好的工作环境。比如，要创建更好、更完善的科研实验室和教学研究室，要加大对多媒体教室的建设力度，要加大对学校内部信息网络、图书馆和科技资料室的建设力度，还要把学校的环境美化起来等。精神环境指的是营造出民主、公平、自由的氛围。比如，对教师的人格和生命价值给予尊重，对教师的教学科研工作成绩进行客观评价，对教师的科研成果和劳动价值给予充分重视，对教师的不同学术观点予以包容。

2.改变教学管理模式

在“以人为本，以生为本”的教育管理理念逐步深入人心的情况下，高校将加快教学管理方式改革的步伐，主要体现为两段式教学管理、多参与学术研究以及加强对外交流。

一是实施两段式教学管理。为实现高校培养厚基础、强能力、高素质人才的目标，高校教学管理部门应本着“强化基础、淡化专业”的理念，实施以通识和专业教育有机结合为核心的两段式教学管理。在实施“两段式”的过程中，各个学校所采用的方法不尽相同，通常可以将其划分为“2+2”或“1+3”两种。

二是多参加一些学术活动。让学生参加到学术研究中来，充分发挥学校的教学资源和科研力量，为学生提供一个进行科研培训的平台，这样才能对他们的创新思维、创新精神和创新能力的提高起到很大的促进作用。学生参加学术研究的方式主要有以下三种：参加指导教师指导的项目，得到指导；参加校内科研培训计划，提高学生的综合素质；参加各种学术沙龙、学术报告会、学术交流，提高对所研究领域前沿问题的认识。

三是加强对外交流。高校应该积极开展国际交流活动，让学生有新的经历，拓宽他们的视野，增长他们的知识，提高他们的眼界，为提升他们的国际竞争能力奠定坚实的基础。学校应该积极地扩大各种渠道，为大学生在校际、校企和国际的交流提供更多的机会。交换的方式有短期的学习、短期的培训、技术实习和文化交流等。

第三节　高校教育课程管理体制研究

针对当前我国高校课程管理制度所面临的现实困境和问题，本节提出了一条进行课程管理制度改革的具体途径，即健全政府对高校课程的宏观管理机制，完善高校内部课程管理权制衡机制，还要创建一个社会力量参与到课程管理中来的协作机制。通过这种方式，对课程管理的内外部制度环境和运作机制进行完善，最终构建出一个多元主体共同参与的和谐课程管理体系，从而保证人才培养目标的实现。

一、健全政府对高校课程的宏观管理机制

在我国高校教育体制改革持续深化的大背景下，各级政府已经开始对高校课

程管理模式进行调整，从注重对高校课程的微观控制转向强化对高校课程的宏观调控，并通过对政府课程管理与评估机制的改进和对政府课程管理行为与方式的改变，来发挥政府的宏观调控作用。

（一）完善政府课程管理与评估机制

1.转变高校课程评估管理体制

在高校课程管理体系中，课程评估是最基础的一环，也是提升高校课程教学质量和建设质量的关键。目前，高校非常重视高校课程评估的客观性、真实性、全面性和精确性，要求多个主体都能参与到课程评估中来，并对高校课程评估的管理制度进行改革，即改变单一的、以政府为主的评估管理方式，使评估管理方式向多元化发展。

（1）随着经济的快速发展，高校间的竞争越来越激烈，“以学生为本”和“为学生服务”的理念逐步形成，学生对高校课程的参与度越来越高，评估的权重也越来越大。而作为高校课程实施主体的教师，他们最清楚高校课程中存在的问题，因此，在评估过程中，他们能够及时地发现和解决问题，从而促进高校课程的改革和发展。

（2）高校已经开始向社会开放办学，高校的课程和人才培养的质量，直接影响到社会的发展，所以，在高校的人才培养质量能否达到社会要求的评估中，社会力量扮演了重要的角色。政府应该赋予社会力量一定的权力，让他们参与到高校课程的评估和监督中来，这样不仅可以提高高校办学社会力量的认同感，还可以激发社会力量的参与热情，从而提高高校课程管理的整体水平。

2.创建课程分类评估管理机制

评估标准的模糊性和评估体系的单一性，使评估结果缺乏可信性。为此，必须建立分级评估和分级管理的机制。为了让评估标准更明确，高校可以按照其不同学科性质，对评估单元进行进一步的划分，并按照不同的课程分类标准，进行分类评估。而根据评估的性质，教育部把高校分为已经接受过评估的高校和没有接受过评估的高校。

3.建立“官办评分离”的课程评估管理体制

高校既是学校教育的主体，又是评估的主体，实施高校自我评估，是高校掌握高校教育自主权的重要表现。从评估者的角度来看，面对多变、复杂的教育环境，高校的课程评估除了包含学生的评估、专家的评估和学校内部的评估之外，还包含社会的评估。在此基础上，以企业为代表的社会力量将成为高校和政府间“缓冲器”，在高校和政府间进行协调，并积极参与高校的课程评估工作。

其实，世界上大部分高校的评估并不是由国家直接负责，而是由一些有法定权利的中间人负责，如英国的大学质量局、美国的六个地区鉴定局等。本节认为，在此基础上，应通过对国外教育改革的探索，建立与高校教育改革相适应的课程评估管理体制。

（1）政府将权力向高校下放。在高校课程评估中，政府扮演着“指导者”与“规划者”的角色，统筹协调高校课程评估的方针与政策，制定高校课程评估的政策，制定高校课程评估的目标等。例如，政府将依据高校教育的发展情况，每年开展全国性优质课程的选择和评估，并加强对课程评估的宏观调控，而具体的评估工作则由高校来完成。

（2）政府将权力下放给社会力量，并通过设立评估中介组织等方式，让社会力量对高校课程进行监督和评估。

因此，建立一个“官、办、评分开”的评估体系，不仅能够促进政府管理职能的转变，而且可以激励社会力量加入学校的管理中来，以适应社会对人才培养的需要。

（二）转变政府课程管理行为与方式

1.转变政府课程管理行为，促进高校课程管理民主化

在我国高校教育民主化进程加快的背景下，高校课程利益主体呈现出多元化趋势，以“一元”为主的办学模式面临着新的挑战。在这种情况下，政府应该给予高校充分的管理权，并为高校课程利益相关者提供多元化的参与方式，让不同的利益相关者能够表达出他们对高校课程的意愿，从而让高校的课程管理制度更加公平、更加民主化。

自1998年《中华人民共和国高等教育法》出台以来，高校正式取得了独立的法人地位，并享有了独立的办学权，并在此基础上拥有了高校课程管理权利。这也就意味着高校师生在高校中的地位和角色发生了变化。

高校课程的具体执行者是教师，他们不但是最了解课程问题的人，还最了解学生，最了解学生的需要，因此，应该赋予他们足够的课程管理权，让他们充分发挥自己的主体性作用，从而提高高校课程教学的质量。

推动高校学生的全面发展是高校的根本目的。高校和政府部门的管理者应该

以高校学生的需要为出发点，让高校学生参与高校课程改革和其他有关高校教育问题的探讨，将其视为高校教育改革的主体，在现有制度下参与高校的管理和政策的制定。因此，在高校课程管理中，给予高校学生一定自主权，是实现高校课程管理民主化的必要环节。

同时，在高校的课程管理中，还必须有更多的社会力量来参与和监督。政府应该向社会赋予适度的参与和监督权利，创造一个让社会力量参与到高校课程管理中来的民主氛围，激发其参与热情。

2.调整政府课程管理的内容和手段

第一，治理的内容发生了变化。目前，我国对高校的课程管理十分细化，主要体现在对高校的“专业规范”和“专业目录”的修订上。例如，高校要按照统一制定的教学方案开展教学工作，按专业目录设置课程，这极大地制约了高校的自主性，使高校的课程改革滞后于社会发展的要求。为此，在高校课程内容管理权限上，政府应减少对高校课程内容的微观干预，适当加强对高校课程的宏观调控，使高校能够根据自己的条件和发展需要，自主地调整专业设置，开展课程建设。同时，政府应该加大对高校课程质量的调研力度，并定期公布与之有关的高校课程评估报告，对高校课程的管理进行持续的规范，以达到提高高校课程质量的目的；在此基础上，通过构建选才机制，充分发挥高校在选才机制中的主导作用，推动高校选才机制的发展和完善。

第二，要改进管理方法。改革开放后，随着我国高校教育的发展，国家对高校课程的管理方式也进行了相应的改革。在高校教育精英化时期，高校的课程管理是以“规划”为主导的；在当前的高校教育大众化时期，管理方式已逐渐转向宏观管理。在实施高等教育“质量工程”时代，高校的课程管理工作主要是由政府来主导完成的。虽然在高校课程管理中加强了评估、督导和法规等手段，但实际上，高校的课程管理仍然具有明显的行政管理特征，高校的课程管理自主权仍然非常有限。所以，政府要改变对高校课程单一控制的管理方式，将政策规划与指导、信息服务、立法以及拨款等宏观行政措施结合起来，来降低政府的微观干预。

第三，加大金融扶持力度。国家开始实施高等教育“质量工程”以来，中央拨款专项资金，用于“质量工程”建设，包括学科建设和资源共享、人才培养方式改革、学科鉴定和学科设置等内容。另外，在高校自主创新实验、教师对口支援交流、人才培养创新实验建设等方面，也给予了一定的资金支持。政府通过资金的投入，可对高校的教学改革产生辐射效应，促使高校能够在课程建设中发挥自己的优势，从而为高校课程管理制度改革提供保障。

二、完善高校内部课程管理权制衡机制

当前，我国高校课程管理体制改革的重点，在于建立健全高校课程管理权的制约与平衡机制，保证高校各院系、教师和学生的课程管理权得以充分行使。

（一）保障院系课程管理权的实现机制

学院作为高校教学的主体，对本专业和学科的实际状况最为了解，在课程设置和课程实施等方面具有最大的话语权。要使高校的课程管理真正发挥作用，就必须从“宏观”的角度出发，通过健全院系组织，赋予院系课程管理权，充分发挥院系工作的积极性。

1.完善院系机构设置，明确课程管理职能分工

从当前高校的课程管理机构来看，高校和学院在课程管理工作中的职责错位和职权重叠是一个突出的问题。这导致在教学质量评估、课程建设、课程管理运行等方面，校、院两级职能分工不明确，管理运行效率低下。

因此，完善高校内部的组织架构，是高校与学院两个层面有效运行的基本保障。高校要建立独立的专业建设委员会，以明确自身的职责和地位。教务主管根据高校的教学大纲和教学安排，负责开设和管理学科基础课和专业课，尊重和协调教师和学生在教学过程中的地位和权益。

此外，在高校教务处的统一要求下，各院系可以根据专业的不同，成立一个培养方案制定小组，由各学院院长担任组长，并吸收部分专业骨干教师参与到方案的制定过程中，从而改变师生与院系行政之间的管理关系，建立一种民主协商制度，从而提高院系参与课程管理的积极性，促进课程管理的有效开展。

2.理顺校院之间的关系，赋予院系课程管理权

在高校里，高校和院系都是课程管理的主体，所以高校和院系之间的关系应该是和谐、平等的。但是，在高校的教学工作中，由于受传统的教学思想、教学制度的束缚，高校与院系的教学工作关系不协调、地位不对等，其主要表现就是高校对课程事务管得太多，管得太紧，而且总是把精力放在微观管理上，导致高校管理者走入一个严重的误区。各院系则习惯于遵从上级的指示，高校与各院系形成了“命令”与“服从”的关系，从而影响到了正常的课程管理工作。

高校要改变传统的管理方式，摆脱对课程细枝末节的管理，赋予院系课程管理权。

（1）改革传统的高校行政管理机构。高校行政管理部门在进行课程管理时，应通过制度建设、政策引导、协调服务等方式，对院系进行宏观的管理和指导，而具体的课程管理工作则应由各个院系来完成，因此，行政管理部门与各个院系之间应是一种计划指导与行动实施的关系。

（2）赋予院系课程管理的工作权限。高校作为课程教学的实践性单位，应该给予高校院系一定的课程管理权，让院系走在高校课程管理的“前线”，以更快的速度了解学科和专业，更好地了解学生对课程的需要，从而推动高校课程管理体制的改革。

（二）建立教师参与课程管理的激励机制

高校教师作为高校课程的执行者，在课程的选择、组织、实施和评价等方面，都与课程管理有着紧密的联系。高校教师对高校教育管理的参与程度，是高校教育改革的重要内容之一。因此，必须构建一套激励机制，以激发高校教师的参与热情。

1.实行高校课程教学质量激励机制

教师的课程教学成效只有在课程督导专家、同行教师、学习同类型课程的学生的综合评价中均排名靠前，才能申请优质教学评价。申请获批后，由课程督导专家、同行教师和学习同类型课程的学生按照规定的评价细则和教学绩效的量化评价表，对教师的教学状况进行评价，并按课程进行排名。

2.实行研究生课程教学质量激励机制

负责研究生课程教学工作的教师，要想申请教学质量优秀评定资格，不仅需要满足课程教学效果在管理人员、督导专家、同行教师、学习同类课程的学生的综合测评中都名列前茅的条件，还需要满足教师所进行的教学实践活动的效果性条件，即教师在教学过程中应将研究生的创新能力和实践能力作为其考核内容。只要符合条件，就可以向校方递交申请，校方会按照自己的条件进行筛选，随后由研究生院与校方共同审核，最终按照评定的成绩给予相应的薪酬。

（三）构建学生课程管理权的实现机制

1.构建“课程共有”模式

为跟上高校课程管理实践发展的需要，一些学者提出了“课程共有”概念，它是指政府和高校之间，教育行政管理部门和学者、教师、学生、家长之间，都将成为一种“朋友”，而不是一种单方面的“命令—服从”的关系。高校“课程共有”模式的确立，是在高校内部管理地位均等和权力配置民主的基础上，即高校教师、管理人员和学生三方构成“共享—协作”关系，以“分权”取代“集权”、“共有”取代“独占”，以扩大学生权限，弱化行政职能权限。

从本质上讲，无论是对教学内容的选择，还是教学过程中的编写、实施，都离不开学生的积极参与，离不开他们的“声音”。教师要对学生的“声音”进行合理的引导，使其参与到课程管理中来。只有这样，才能更好地满足学生的学习需求，促进学生的全面发展。戈兰·哈斯说过，“学生是最好的对象，也是最好的评价对象，因为他们的反应和思想在课程中扮演着举足轻重的角色”。一些研究亦显示，如果学生能有机会参与到课程的管理中，他们的学业成就必定会得到明显的提升。所以，建立“课程共有”模式，既是促进高校课程管理民主化的重要途径，又是实现和分享学生课程管理权的重要途径。

2.构建师生沟通交往机制

构建师生沟通交往机制，必须给予学生一定的权力，使他们能明确地表达自己对课程的期望和要求。同时，教师应向学生明确课程安排，明确学校课程管理的意义，明确评教工作的内容及目标。在此基础上，教师与学生之间要形成一种平等、融洽的关系，互相交流，一起探讨个体化的教学评价方案，制定出具体的教学评价标准，并最终达成共识。从理论上讲，“以生评教”是向学生“放权”的一种重要方式。然而，在实际操作过程中，高校“以生评教”并未真正落实。

高校评教工作以高校管理人员为主，而作为主要评价者和被评价者的学生和教师都没有资格参与其中，这就造成了教师不知道学生对课程和教学的需要和期望是什么，学生也不知道评教工作的具体作用是什么，这种信息不对称造成师生之间出现没有必要的隔阂和误会，也让学生对评教机制产生一种抵触情绪。要解决这个问题，就必须给学生一些权力，让他们主动参与课程管理，与教师进行有效的沟通，这样才能更好地发挥他们的作用，促进提高课程质量与教师的教学能力。

三、健全社会力量参与高校课程管理制度

从利益相关者的角度来看，高校的利益相关者包括政府、高校、教师、学

生和社会力量等，他们都有权对高校课程管理进行积极的参与。在一定程度上来说，任何利益主体的缺位，都将直接影响到高校课程管理的效果。为此，也必须建立完善的社会力量参与机制，使其充分地发挥出自己的作用。

（一）增强社会力量参与高校课程管理的意识

从利益相关者的视角来看，社会力量作为高校课程管理的主体之一，应该对自己在课程管理中所享有的权利和地位有一个清楚的认识。从目前的情况来看，我国高校的社会力量对课程管理的参与程度还不高。为此，需要增强社会力量的课程管理权意识，加强组织建设工作，以提高其参与意识。

1.增强社会力量的课程管理权意识

伴随着高校教育制度的变革，高校内部的利益主体呈现出多元化的趋势，社会力量应该意识到他们拥有课程管理权，并且可以据此推进课程管理体制的改革，从而激发他们参与课程管理的内在动力。同时，社会力量要正确认识参与课程管理权的途径、内外部条件，积极地参与其中，从而制定适当的参与策略。

2.建构并整合组织机构

与健全的组织结构相比较，社会组织结构较为松散，其参与课程管理的能力比较有限，而且课程管理权的表达通道也不够通畅，使人们很难对自身所拥有的课程管理权有一个准确的认识。因此，社会力量应当自觉地开展组织建设和整合，确保课程管理权的表达渠道畅通。例如，借助媒体和协会等，组建一个由个体或者社会人士组成的课程发展协会或者服务组织，使社会力量能够在这个组织中表达他们对于高校课程改革的意愿，并通过对强弱组织机构的整合，实现社会力量的组织化。当然，要确保管理体系的合理、科学，还需要对社会力量在课程管理中的权利和责任作出一些规定和限制，从而提高社会力量在课程管理中的作用，提高他们的参与意识。

（二）创建社会力量参与高校课程管理的合作机制

1.建立产、学、研结合机制

通过校企合作，采取“订单式”方式，使行业企业或用人单位介入高校的培养，为高校提供教学、实习、科研的场所，在行业企业或用人单位的专业人员的帮助、指导下，使学生积极参与到教育、科研活动中，提高大学生的综合素质，以适应行业、企业或用人单位的需求。作为主动者，高校应加强与行业、企业或用人单位的沟通与合作，深入了解行业、企业或用人单位的利益需求，为其提供多元化的参与方式和多样化的服务，使其在获取自身利益的同时，积极地参与到高校课程管理中，将行业企业或用人单位的课程项目资源转变为高校课程的有效资源，共同提高课程质量，实现人才培养目标。

2.建立“共同愿景”模式

所谓“共同愿景”，即以可持续发展为基础，以高校和社会为纽带，加强高校和社会在高校课程管理方面的有效沟通和交流，使高校了解到社会对高校课程的需求和愿望，进而引导高校对课程进行合理的调整，使课程内容更加贴近产业、企业和用人单位的需求，在课程价值取向上达成共识。

例如，可以通过会议、讲座、网络、现场调研或咨询等多种沟通方式和渠道，营造一个良好的交流合作环境，充分发挥社会力量参与高校课程管理的作用。同时，为保证高校与行业、企业或用人单位能够建立起一种互惠互利、长期稳定的合作关系，双方应该在实现各自利益的基础上，共同遵守合作的规则。

实践证明，仅靠高校自身力量是难以达到理想效果的，必须打破高校与社会之间的“隔离墙”，加强高校与社会的联系。

（三）建立社会力量参与高校课程管理的保障机制

作为高校利益的相关者，社会力量也存在着自己的利益诉求，尤其是以盈利为目的的企业，他们为了获得自己的利益，会尝试用各种途径和方式，积极地参与到高校课程管理中。但是，由于缺乏相应的保障制度，其很难真正发挥作用。因此，必须构建起一套社会力量参与高校课程管理的保障机制，使其能够更好地发挥作用。

1.创建专门的中介服务机构

为保障社会力量对高校课程管理的参与，满足其需要，政府应该建立由科研机构、高校、企业等构成的专业中介机构，在功能上起到协调与支持的作用。

（1）建立以社会精英、学者、专家等为主体的评估组织和学术组织，向政府和高校提出更合理、更科学的高校课程管理意见，让高校和政府能够更科学地从微观角度和宏观角度对高校课程质量进行更好的评价，从而推动高校整体课程水平的提高。

（2）为高校学生提供校企合作的实习环境，使高校学生能够更加接近社会，为将来的就业打下良好的基础。

（3）为企业提供帮助，帮助高校开展课程开发、人才培训工作，并对校企合作过程中产生的问题、矛盾等进行协调，从而充分发挥高校的高质量服务功能。

当然，为了使行业公司或雇主更好地参与高校的课程管理，还必须加强其参与的程序化，使其依照已有的程序合理运作，增强其专业性和权威，使其逐渐形成公众自觉的价值追求，从而确保高校的课程管理得以顺利开展。

2.加大对社会力量参与高校课程建设的投资力度

就高校课程建设而言，政府可以设立专项资金，用于支持工业企业和雇主与高校的联合办学，比如设立“产、教结合”的专项资金。同时，国家可以给予专项贷款和财政补贴等多种形式的优惠政策，鼓励社会资金参与到高校的经营中。例如，可以通过专项拨款，建立实践基地、“大学城”或者科技园，让高校能够与行业企业或用人单位深入合作，提高课程实践教学的质量，促进地方经济与高校的发展。

第四节　高校教育学生管理体制研究

一、高校教育学生管理体制的发展趋势

高校学生管理工作的目的应该是以促进高校学生成长，并兼有教育功能、管理功能和服务功能。在学生管理工作过程中，要坚持以人为本的原则，推动学生的自主发展，运用服务型行政事务管理方法，满足学生合理的需求。

（一）未来高校在校学生的特征

1.彰显个人自主意识

未来的高校学生有强烈的自主性：一是体现在对自我价值和自我尊严的需求上；二是体现在以“自觉”“民主”“平等”为代表的新理念的出现上。在竞争激烈的职场中，人们关注着个人的发展机会，自立、竞争、公平、效率等时代观念的增强，让高校学生变得更加重视自身能力的提高，他们对市场经济中迫切需要的新知识和新技能有很强的好奇心。

2.注重个人创新意识的培养

未来的高校学生，一是要有强烈的自主意识，二是要重视个体创造力的培

养。创新是一国发展之魂，是一国强盛之源。在知识经济时代，知识的质和量都在持续地更新和提高，科技革命的成果层出不穷，这就需要高校把重视创新精神、注重实践能力、突出个性特色的人才培养作为今后工作的主要目标。因此，高校在进行学生管理时要注意以下四个方面的工作。

（1）创造一种有利于学生独立思考、自由探索、勇于创新，并尊重学生自主选择的校园环境；充分发掘学生的个体潜能，促进学生个性的发展和自主的发展。

（2）构建一套科学合理的创新型人才选拔体系。

（3）制定一套创新型人才的评估准则。

（4）制定一套灵活的选修课体系，为高校学生提供便利条件，并进行国际合作，以此来培育创新型人才。

（二）我国高校学生管理发展中的应对措施

1.安排有专业管理经验的人员进行管理工作

目前很多高校的学生管理工作是由教师来担任，缺乏专门负责学生管理工作的专业人才，所以，高校可以招募一些在教育管理方面有一定造诣的专业人才，在学校中从事学生管理工作。这些专业人才可以根据自己的学识和对学校总体情况的了解，制定出一套更加符合学校的管理模式。与此同时，高校还应加强对管理人员的综合素质的培训，定期安排教师到管理方式比较先进的高校学习，并根据自己学校的特色，制定出适合自己的管理方式。此外，管理人员还要随时关注时代的发展，要能根据社会的变化，适时地调整对学生的管理方式。

2.针对不同学生群体，实施不同管理方式

高校里的学生，并非所有人的想法都是一样的，由于年龄不同，他们对于学校的生活和学习环境会有不一样的理解，如果用同样的方法来管理学生，就无法达到让每一个学生都感到舒适的效果，因此，高校应根据学生不同的年龄，采取相应的管理方法。首先，将目标锁定在了新入学的高校学生身上。管理人员应将学校的相关规章制度和学校的基本情况制作成《入学须知》，其中要包含学校的门禁时间、学校自习室的使用等内容，并打印出学校的简单地图，以便学生可以清晰地看到学校的整体布局；同时为各班级安排一名大二年级的学生，为新生提供思想和生活方面的辅导。其次，是以在校高校学生为对象。管理人员要有一个具体、可行的管理计划。随着时代的进步，如今的高校学生已经变得更加有个性，对他们的管理不能再采取以前那种严格、单一的管理方式，而要重视他们的个性发展，并且要在学生中调查他们的诉求。例如，可以采用问卷的方式，了解他们对学校食堂的食物的看法、对图书馆管理工作的意见等，再针对他们的需要，制订出适合他们的管理计划。最后，是为准备毕业外出实习的高校学生准备的。因为这部分学生不仅要工作，还要处理一些学校后续的事情，所以，学校在对这部分学生的管理上，要对他们的时间进行合理的安排。例如，有些学生因为实习的原因，不能及时返回学校，那么学校就应该对这部分学生进行登记，并适当放宽他们的门禁时间，从而让他们可以更好地适应实习的工作环境，从而更好、更顺利地完成实习工作。与此同时，高校还可以邀请企业到学校来进行招聘，让学生不用出校门就可以参加自己喜欢的公司的面试，这样不仅可以节约学生的时间，还可以让学生可以获得更多的面试机会，拥有更多的选择。

（三）创新高校学生管理模式

1.优化学生管理工作理念

在新时代，伴随着互联网信息化进程的加快，许多新观念和新趋势对高校学生管理工作产生了深远的影响。传统的高校学生管理往往只注重成绩、出勤和纪律，而忽略了学生的主体性。在新时代背景下，高校面临着许多新的问题，这就对高校的学生管理工作提出了更高的要求。首先，要增强服务观念。这需要高校学生管理工作人员抛弃“高人一等”的错误观念，以“平常心”为己任，以人为本，一切从学生角度出发，以学生为主体做好管理服务工作。这样，就不会形成一套固定不变的机制，对学生工作起到很好的推动作用。其次，对教学中的主体地位进行了界定。高校学生管理工作不仅要制定规定，严格规范学生的行为，还要让学生清楚自己在学校里的权利和责任，这样，学生才能既享受权利，又能提高自身的素质，还能自觉地履行自己的责任，最大限度地发挥规定的引导作用。同时，学生的主体地位也体现在，他们可以向学生管理工作者积极地提出符合多数学生诉求的意见或建议，让学生管理工作者更好地了解到学生的心声和诉求，及时调整管理制度，确保管理工作不脱离学生的需求。

2.创建一支优秀的高校学生管理队伍

随着高校教育的发展，高校学生的素质日益提高，对高校学生的管理难度也日益加大，做好新形势下的高校学生管理工作，必须建设一支思想品德高尚、工作作风优良的高校学生管理队伍。高校学生管理队伍是高校各项管理工作的协调者、执行者，是联系教师和学生的纽带和桥梁，在对学生的管理方面起到了积极的示范作用。教师要经常深入到学生当中去，对他们的思想状况和行为进行全面的了解，并将这些信息及时上报给上级部门。在学生的实际情况基础上，高校也要按照学生的需求，定期组织各种各样的、丰富多彩的调查活动，这样不仅能够调动学生的学习积极性，还能够促进师生之间的感情。高校学生管理队伍的优势在于他们能站在学生的立场上考虑问题，并能向学生提供最真实的信息。同时，在管理工作上，他们也要有高于普通同学的管理水平，在日常生活中不断地规范自己的言行举止，以身作则，为同学们做好榜样，创造良好的校园文化氛围。建设一支优秀的高校学生管理队伍，构建分工明确、合作有序的管理工作体系，可以运用现代化的管理手段，实现学生管理的专业化、科学化。

3.加强学生的自我教育能力

在学生管理中，除了要提高管理者的各项素质外，更重要的是要发挥学生的主动性，加强学生的自律性。苏霍姆林斯基曾说："一个少年，只有当他学会了不仅仔细研究周围世界，而且仔细研究自己本身的时候；只有当他不仅努力认识周围的事物和现象，而且努力认识自己内心世界的时候；只有当他的精神力量用来使自己变得更好、更完善的时候，他才能称作一个真正的人。"自我教育的能力是学生进行自我管理的最大动力，高校的学生管理要让他们在没有监督的情况下，也能在各个方面对自己进行自我完善，从而提升自己的综合素质。

高校学生管理工作是一项系统工程，是一项综合性工程，尤其是在科技飞速发展的新形势下，社会对具有较高综合素质的人才的需求越来越迫切。在此基础上，高校学生管理模式应适应时代发展要求、适应新形势，创新方法与管理模式。

二、学生管理专业化取向体制

（一）高校学生管理工作概述

高校学生管理工作既是职业的一个类别，也是高校教育中的一项基本任务。

1.高校的主要任务是培养高素质、高技能的人才

培养高素质、高技能的人才，以适应社会发展的需要，为国家的发展和建设培养接班人，是高校的首要任务。高校在培养人才的过程中，既要提供专业的知识与技术，也要注重培养学生的综合素质，如适应能力、人格修养、品德修养

等。高校学生管理工作是为高校教学服务的，对于培养大学生的道德、价值观和人生观起着举足轻重的作用。高校学生管理经过长期的摸索与发展，在管理体制、管理理念、管理方法、管理人才等方面已趋于成熟。

2.高校学生管理是一门具有很强实践性的学科

高校教育管理是一门集教育学、管理学和心理学于一体的综合性工作。在不断深化教育改革的过程中，高校的学生管理工作也在不断地探索和发展，已经从一种片面的、强制的说教、灌输模式，逐步转向了以人为本的服务化、制度化模式。高校学生管理工作涉及的领域很广，主要包括引导学生思想的健康发展、为学生生活的需要服务、指导学生就业发展、维护学生的心理健康等多个方面。

3.高校学生管理要走科学化的发展路线

我国高校在很长一段时间都没有把学生管理当作一门独立的学科来看待，学校的行政管理体制导致学生管理工作只是一个执行工作。要提高我国高校的学生管理水平，必须走出一条科学的发展之路，既要有明确的管理目标，又要有完善的管理制度，更要有对高素质的管理人员进行职业发展与培训的方案和方式，从而构建出一支职业化、专业化、高素质化的高校管理队伍，这对于高校的人才培养具有十分重要的意义。

（二）高校学生管理走专业化发展道路的必要性

1.职业发展专业化的要求

高校学生管理的专业化指的是将学生管理工作作为一个特殊的学科范畴，它与会计、法律、金融等专业同样具有专业性。同时，与其他从事特定职业的团体一样，从业人员也要具备较高的专业知识素质，为社会培养出适合自己的专业人才。它不仅对专业人士自身的成长，而且对非专业人士的成长都有很大的影响。当前，我国高校的学生管理是一种“服务型”“被服务型”“互动型”的工作。为适应新一代高校学生的管理需求，高校学生管理者应充分认识当代高校学生的心理特征，运用更多的专业知识、更多的理论、更多的专业手段，把当代高校学生的管理工作做好。

2.高校管理职业素养的要求

高校学生管理从本质上说，是一门集教育学、管理学、心理学于一体的综合学科，其专业性很强，对学生管理人员的专业素质和实践经验提出了更高的要求。具体来说，学生管理人员不仅要具备教育学、管理学、心理学等学科的理论知识，还要具备对学生的社会实践工作、学生的日常工作、学生的心理健康、学生的学习生涯规划、学生就业指导等提供指导，开展各种专业特色研讨会、组织学生活动等方面的职业素养。

3.为高校教育事业服务的要求

在国外高校，从事学生管理工作的人员一般都经过了高校管理方面的专业训练，并且在学校中还会有一些特殊的业务训练。但我国的高校学生管理工作起步较晚，所以工作人员的理论知识储备相对较少，专业水平较低，并且主要采取的是行政式命令的工作方式，工作中没有针对性，学生管理工作没有健全的管理体制和行之有效的管理机制，工作人员的流动性很大，因此，学生管理工作的效果并不理想。为此，高校学生管理工作必须向专业方向发展，这样才能真正提升高校学生管理工作水平，更好地服务于高校。

（三）高校学生管理工作专业化理念的建立

随着我国高校教育体制的不断完善，高校的内部管理在不断地发生着深刻的变化，学生的管理也在不断地向专业化方向发展。职业在分化与发展过程中，不可避免地会产生“专业化”，从而形成强调专业知识和技能的职业。

1.职业分类的角度

专业是一种群体通过专业的教育、学习和培训，拥有的专长和技能，该群体可以根据特定的标准，从事一种专门的工作，以解决生活和社会问题，推动社会的发展，并取得相应的工资待遇和社会地位。可以说，现在的高校学生管理工作已经达到了职业化、专业化的程度。

当今，高校教育管理学的知识体系越来越健全，在全国各高校的教育学院都有教育管理学的课程。高校对从事学生管理工作人员的知识技能也有了明确的要求，学校也更加注重对他们进行专业的培训。

2.专业发展的维度

具有系统而明确的专业理论知识，是高校教育管理专业人才培养的重要内容。高校教育管理的“教育性”“综合性”“复杂性”等特点，要求高校管理者既要具有“教育者”的素质，又要具有“领导者”的素质，更要具有“管理者”的素质。在高校学生管理工作中，最根本和最直观的体现就是职业道德，职业道德包括从业人员的职业道德和行为规范，还有高校学生管理者的职业态度和动机，而职业态度和动机是形成和发展专业特色的动力和基础。对自己事业发展的认识，是高校学生管理者不断积极推动自己事业发展的内在动力。

（四）高校学生管理工作专业化的制度保障

高校学生管理工作受诸多因素的制约和影响，其中，高校学生管理工作制度是高校开展学生管理工作的基础，也是高校开展学生管理工作的制度支撑和保障。从高校发展的角度来看，除了要强化硬件建设之外，还应增强学生管理工作的实用性和实效性，从软件方面建立健全的学生管理工作制度，为学生管理工作的开展提供有力的制度保障。

1.以制度形式明确学生工作管理的地位

在高校制定的一系列制度、规则或年度工作计划中，要明确学生管理工作的地位，不仅要为学生管理工作提供制度保证，还要有一定数量的配套服务经费的划拨，给予经济上的支持，从制度和财力、物力上，为学生管理工作的健康有效发展提供支撑。随着教育形势的变化，高校的学生工作必须与时俱进，及时作出调整，以适应社会和教育的发展。因此，明确高校学生管理工作在高校工作中的地位，树立学生管理工作的服务观念，建立和健全与之有关的人员准入、考核和评比机制，是提高学生管理工作水平的关键。

2.以制度形式确保学生管理工作岗位的职业化

高校学生管理工作主要包括：做好高校学生的思想工作与心理健康工作；做好高校学生就业工作；加强对高校学生的法治教育；对高校学生进行一系列社会实践活动；等等。应把各项工作详细地落实到学生管理工作的各个部门，对各部门要有明确的规定，为落实管理工作提供保障。确保各岗位工作人员具有较高的专业素质和技能。在选择和录用岗位人员时，对工作人员的要求，除具备基本的理论知识外，还应具备相应的专业知识素质。比如，从事精神卫生管理工作的员工，必须具备心理咨询方面的工作经历，并且取得国家承认的证书；从事法学教育工作的人员应具备法学专业知识，有一定的实践经验。

3.以制度形式激励学生管理工作的创新

高校学生作为高校学生管理的主要对象，是一个具有自身特征的年轻群体。在高校学生中开展管理工作，为他们服务，为他们解决各种问题，对他们的个性形成、社会认知和人际关系等有着重要的影响。因此，这就要求高校学生管理工作不能流于表面，而是要使教育管理能够深入学生的内心深处，使他们能够在社会层面上正确地了解自己。以制度化的形式，采取恰当的激励措施，对学生管理工作人员的工作表现和成就给予肯定和鼓励，调动其工作热情，使他们对工作更有兴趣，勇于创新，从而提高学生管理工作的质量。

高校学生管理工作的职业化，使高校学生管理工作成为一个独立的社会职业，这就需要高校学生管理人员具备较高的职业素养。高校学生管理工作的专业化，促进了高校学生管理工作者在专业精神、专业知识、专业能力和专业道德上的提高，进而提高了高校学生管理工作者的职业素养。

第三章　高校教育教学理念创新研究

第一节　高校教育教学理念创新的由来及发展趋势

一、高校教育教学理念创新的由来

（一）人才培养理念的形成

高校教育的基本使命是培养高素质的人才，而高素质的人才培养是以教学为主要手段的。改革开放后，高校的“知识型”教育理念被确立。伴随着我国对人才培养质量的重视，高校教育开始对教学与科学研究之间的关系进行了新的认识和思考，从而确定了教学在学校工作中的核心地位。不管是哪一种高校教育，教学的首要任务都是人才培养，且科学研究也要担负起人才培养的责任。在世界高校教育发展和科技、社会进步对人才培养新要求的背景下，社会更需要提供知识全面、技能过关的高素质人才。这就给高校教学活动带来了新的需求：一方面，是从“理论”和“实践”的关系出发，不能轻视实践性和实验性教学；另一方面，要平衡高校教育和社会教育的关系。因此，逐渐丰富并发展了新的高校教学中心理论，在学校内部对教学理论与实践同样重视，在科研活动中对学生的能力进行了培养，在学校外部对实训基地的建设进行了强化，构建起了产学研机制。

（二）终身教育和终身学习理念的形成

随着科学技术的飞速发展和社会工作的持续变革，以素质教育为理论基础的终身教育和终身学习理念逐步渗入高校教育，高校教育到底是“终结性”教育还是“基础性”教育，一度成为学界争论的焦点。尤其是在高校教育达到大众化甚至普及化程度以后，高校教育的基础性就更加凸显出来。高校教育只能为学生将来成为科技人才，从事科技职业奠定知识、能力和持续学习的基础，而不能为未来准备好所需要的一切。所以，高校教育中的人才培养要注重学科的广泛性，要注重基础知识的扎实性，要有较强的学习与科研能力，还要为大学毕业后的在职人员创造良好的学习环境。

（三）以学生为本的个性化教学观念逐渐形成

全球范围内的学习变革，为高校教育与教学改革提供直接的指引与方向：从过去只重视对知识的掌握，到现在更多地关注对智力的开发与能力的培养；从对单一的专业知识和能力的培养，到同时重视拓宽知识面，培养出一批具备包括外语能力、经营管理能力、交往能力等多种能力的复合型人才；从单一培养标准，转向强调发展学生多元专长与挖掘学习潜能；从侧重理论知识，转变为在侧重实践知识的同时，强调理论与实践的结合等。“因材施教”“以人为本”是教育的根本原则。为凸显学生在人才培养中的主体性，高校教育在教学管理、教学环节、教学方式等方面也要改变固有的人才培养模式，形成多样化、个性化的教学流程和教学形式。在扩大学科范围的同时，坚持以学科为导向进行人才培养；在确定人才培养目标与基本规范的同时，给予学生足够的自由发展空间；在教学工作中，要给予学校、专业、师生更多的弹性；在教学管理方面，采取学分制、选课制、导师制等多种形式。

二、高校教育教学理念创新的发展趋势

（一）建立健全的教育观

健全的教育观体现在对高校教育资源进行创新共享方面，利用新教材和立体化教材的建设、网络教育资源的开发和建设共享平台，构建出一个面向全国高校教育的精品课程和立体化教材的数字化资源中心，建立一批既有示范性又有服务性的数字化学习中心，对终身学习的支撑服务体系进行完善，从而提高我国高校教育的质量和整体实力。这就要求对提升教学质量的系统性和复杂性进行充分的考量，找出一些具有基础性、全局性和引导性的创新突破口，对高校教育教学创新的方向进行指引，最终达到高校教育规模、结构、质量和效益的和谐发展。与此同时，还必须调动政府、学校、社会等各方的力量来支持高校教育的发展，将发展高校教育的热情转移到提升教育质量上，并从根本上解决高校教育中存在的

多个现实问题，为高校教育的办学营造一个良好的外部环境。

（二）高校教育教学创新

高校教育教学创新与提升高校教育质量是两个永恒的主题，总的来说，在实践活动方面，我国高校教育教学创新可以说是阵容庞大、声势浩大，但是在形式和内容方面却欠缺亮点。为此，在教学体制改革中，应不断健全教学评价体系、专业认证体系、基础资料公布体系等；在教学活动创新上，既要落实“名师走进课堂”的要求，又要着力打造高素质的教师队伍；应该始终强调学生的主体地位，持续扩大学生选课、选择专业的余地，利用学分制进一步提高学生学习的自主性和自我责任感；应该通过各级各类大规模、密集的教学科研项目和教学创新项目以及对教学方法的奖励来促进教学方法的创新。

第二节　高校教育教学理念创新的思路

一、更新教学理念

（一）更新教育思想，形成实践教育教学理念

所谓的实践，就是将高校教育教学内容中的自然科学知识、人文知识、德育知识等各种理论知识，通过具体的实践进行消化、固化、融合、升华。在实践中，把科学教育与人文教育相结合，把实践育人贯穿于人才培养的全过程，培养学生的实践能力、创新精神，提升学生的人文素质、科学素质，使其与社会的现实需要相适应。高校应建立一套以大学生的创新创业精神为主体的新的激励体系，并对其进行有效的扶持，从而推动高校的实践性教育。

（二）树立以生为本的教学理念

在教育教学中，要认识到和尊重学生的主体性，引导和发掘学生的潜能，培育和塑造学生的个性，把学生的个人意愿、社会的人才需求和学校的积极引导有机地结合起来，使学生在知识、能力、思想道德、身心健康等方面得到均衡、全面的发展。以生为本的教学理念应该贯穿于高校教育教学的各个环节。在教学管理上，要实施灵活的教学方案，建立学分制、主辅修制等制度，给予学生一定的选择权和支配权，可以自主地安排自己的时间和空间，注重创新和实践能力的培

养。在教学方法上，要大力提倡“以学生为主体、教师为主导”的互动式教学方法，鼓励开展问题式、案例式、讨论式、情境式教学，开展“启发、互动、探究式”的课堂教学实践，并采取一系列的措施，使教师从传统的知识传授型教学向现代式研究型教学转变，使学生由被动接受型学习向研究型学习转变。

（三）采取灵活多样的教学组织形式

在教学组织的具体实施上，应采取灵活多样的教学组织形式，改革传统的教学方法，充分发挥学生的积极主动性，鼓励和指导学生在探索研究中掌握自主学习的方法，使教学目的从传授知识向培养学生的认知能力和综合素质转变。改变以教师、课堂、书本为核心的教学模式，鼓励师生间进行互动，进行专题讨论，鼓励学生进行自主探索与合作的学习，培养学生的探索精神和批判性思维；重视个体化的指导，让学生和教师一起生活，耳濡目染，受到深刻的影响；以学生自己的实践活动为主，为学生提供一个实践平台，鼓励学生主动参加科学研究实践课程创新，提高其学习效率，培养其获取新知识、分析和解决问题、交流与合作的能力。

（四）制定均衡的高校教育资源配置政策

重点高校与一般高校应保持教育资源的平衡。在推进“双一流”高校建设与发展的过程中，必须关注普通高校，努力提高普通高校的办学水平。同时，也要考虑到当前各地区高校教育之间存在的差异，制定出与之相适应的地区高校教育政策，以求在地区之间实现对不同教育资源的合理分配，从而提高地区高校教育发展的动力。要科学、合理地安排高校教育的专业布局，加大教学内容与课程体系的改革力度。高校的课程设置必须科学、合理，办学理念、专业与课程设置、教学模式必须与社会需求相匹配，才能为社会提供更多更好的人才。首先，以“厚基础”为指导思想，在建立学科和专业的同时，系统地构建这一领域的专家应该具有的基本知识、基本能力和基本素质。其次，在专业设置上，要按照“宽口径”的要求，拓宽培养对象的知识面，把专业设置从封闭型向开放型转变，实行“宽口径”的专业培养，优化专业整体结构，拓宽专业交叉领域，培养出更多高质量的人才。最后，各个高校要根据自身的特色，对自身进行合理的定位，坚持差异化的原则，构建自己的优势学科，避免单一的教学模式，合理地配置教育资源，以增强高校教学和教育的公平性，促进高校教育的科学化发展。

（五）构建高校教育教学质量保证体系

高校教育教学的质量直接关系到高校学生的全面发展，关系到经济和社会的发展，高校要根据有关的政策法规，建立一套教育教学质量保证体系，规范高校学科专业建设，避免重复建设和浪费教育资源，建立一个独立的、有权威性的高校教育教学质量评估机构，加强对高校教育教学质量的监管，完善高校教育教学评估政策，充分发挥社会的监督作用，对高校的教育教学质量进行有效监督。

二、形成办学特色

（一）在教育与教学上进行创新，培养出自己的特色

一所具有特色的高校，一定有其自身特有的教育思想和教学理念，这些教育思想和教学理念可以在一定的时间和空间条件下，为高校的发展提供指导，能够符合时代和社会对教育和人才培养的需要，符合教育思想和教学理念的革新要求，符合教育的创新发展和社会发展的普遍规律，促进教育的发展，有利于人的全面发展，有利于最大限度地提高人才培养的质量。教育与教学的革新一定会带来教育思想的变革，先进的教育思想一定会促进先进办学思想的落实，其中包括新的办学目标、办学模式的重新定位，以及在实现这一新定位的过程中所采用的方法、途径和对办学实践效果的综合评价。

（二）推进学科特色建设

要提高高校的特色，关键是要加强高校的特色建设。高校学科特色建设与发展水平，与高校的人才培养、科学研究、专业建设、教师队伍建设等方面的质量有着直接的联系。高校学科特色建设是高校办学特色的重要支撑力量，也是学校服务能力与水平、办学层次的重要组成部分。学科特色是一所高校的“标志”和“核心竞争力”，是高校发展的必然要求。高校的学科建设，不应该追求“大”“全”“新”，而应该追求“精”“尖”，要根据学校的实际情况，因地制宜地建立自己的优势学科，并充分利用其“品牌”效应，打造自己的特色。科学家田长霖说过：“那些在国际上迅速崛起的大学，往往都是先在一门或两门学科上取得突破性进展，然后才能在其他学科上取得突破性进展，成为世界级的大学。学校要倾尽所有的资源去扶持那些最好的，要分先后，让那些最好的成为世界第一，其他的自然也就跟着上去了。”

（三）促进高校精神的形成，形成高校自身的特色

高校应该是一个思想和学术都是自由的高校，应该是一个能够培养和完善人的高校，应该是一个能够提高人的素质和品德的高校，应该是一个能够追求真理的高校。高校精神是一所高校的所有成员，在长期的办学实践中，共同创造、传承并逐步发展的一种精神理念，它反映了一所高校的历史文化传统和面貌，是一所高校的精神信念和意志品质的准确表达，是一所高校独特气质的一种精神形式和文明成果，也是一所高校的精神支柱。高校精神如同一个人的品格，是高校中最核心、最抽象的价值追求和行为规范，它决定着高校的行为方式，也决定着高校的发展方向，是高校存在和发展的根本，是高校的灵魂和本质。高校精神体现了一所高校的整个群体的心理定式与精神状态，体现着一所高校的总体面貌、风格、水平、凝聚力、人格魅力、活力，并将这些凝聚成一所高校特有的办学特点。高校的办学理念和办学实践，应该促进高校精神的形成和发展，使之成为一种有自己特色的、经久不衰的教育方式。

三、推进师资队伍建设

（一）优化高校师资队伍结构

高校师资队伍的结构是由教师的学历、职称、年龄等几个方面构成的，能够直接地反映出高校教师队伍的质量、能力和学术水平的一些基本情况。高校要进一步加强对骨干教师、学科带头人的培养，加强对高水平领导干部的培养。对高职称的学科、学术带头人，紧缺专业人才等，要采取适当的政策扶持措施。要根据学科发展的需要，有针对性地引进高水平的人才，确保师资的职称构成比例保持在一个比较合理的水平。要加强对校内优秀人才的培养，将引进与培养相结合，实现人才与资源的有效整合，优化各学科专业教师的整体知识结构，促进高校师资队伍结构的协调发展。

（二）提高高校教师综合素质

高校师资队伍建设是高校教育教学改革与发展的基础，是高校师资力量的重要组成部分。伴随着高校教育的快速发展，高校教师的教育教学思想、知识结构、教学方法等方面的综合素质也在不断地提升，高校教师应具有运用现代信息技术和现代教育手段的能力、教学与科研的创新能力、理论与实践的结合能力、将知识服务于社会的能力以及良好的社会交往能力。对高校教师的专业理论学术

水平、教育教学能力、科学研究能力以及科学文化素养进行提高，对其教育教学功能、团队协作功能、科研开发功能以及社会服务功能进行全方位的强化，让其能够掌握先进的教学科研方法，拥有崇尚科学、勇于创新的开拓精神，拥有为高校教育事业不懈追求的精神，为高校培养一支具有良好的职业道德、较强的教学科研能力、富有朝气的高素质师资队伍，从而促进高校教育教学质量和水平的持续提高，促进高校教师队伍建设的良性循环，促进高校教育教学改革，实现高校教育创新的跨越式发展。

四、创新课程体系及教学内容

（一）课程体系创新

首先，优化和调整各个专业的课程体系，按照学生的特点，实行分层次、分类别的培养，并采取主修、辅修、双学位、定向培养、中外合作培养等方式，在满足不同层次的人才培养要求的同时，提高人才培养质量。其次，在课程结构上，打破“分科”“国家（地方）”“必修”等单一的课程格局，重新构建课程结构，优化课程体系。综合课程、必修课程、选修课程等课程都有相当的比例，以“高校规格+实践技能”为主要特点，关注学生的个性，坚持理论与实践、人文教育与专业课程教学、课内与课外、校内与校外的四个结合，构建出一套适合学生发展需求的课程体系，最终使学生在文化素养、创新素养、综合技能等方面都达到良好的水平。在大学的基础课教育中，构建一套完整的基础教育系统，对各学科专业学生进行国防教育、人文教育、自然科学基础教育和道德实践等基本素质的培养。最后，要构建一个综合实践系统，构建一个由专业实验、实习、设计、毕业设计（论文）、德育实践、科技文化实践、创新实践等组成的公共实践平台。

要从理论上转变，必须有一个健全的学生实际能力评估体系，并且要以这个体系为依据，对“创新课程”进行探讨。在此背景下，人们对创新课程的认识也发生了深刻的变化。创新并不只是一个想法，而是一个重新认识、重新组合、重新设计和应用的过程。创新课程不是以学科的形式传授一整套有关创新的知识、方法和策略，也不是以获取学科知识为中心，而是以综合实践的形式，为学生提供相对独立的有计划的研究性学习、设计性学习、体验性学习、实践性学习、反思性学习和生活性学习的学习机会，让学生在现实的社会生活中，自主选择研究课题，探索开放性、社会性、综合性和实践性的问题，形成自己独特的学习方法，培养他们的创新精神、探究能力、开放性思维、社会实践能力和社会责任感。

（二）教学内容创新

按照“厚基础、宽口径、强能力、重素质”的教育理念，构建“专业必修”“专业选修”“公共必修”“公共选修”四个层级的专业课程体系，重新规划、设计专业的教学内容与课程体系。根据学科专业一般大类并行的原则，设计学科专业类课程、新公共基础课程、文化素质教育课程和实践性教学课程等较大的教学课程内容体系，增加选修课，减少必修课，对公共课进行分级分类教学。

厚基础，是使学生对各学科专业的基础理论、基础知识、基本技能有较深的认识，并能运用于实际工作中，强化学生的基础知识体系，打造精品课程。以此为基础，进一步加强学生对基础理论、基础知识、基本技能和基本方法的学习与实践，进行优秀主干课程和基础品牌课程的建设，着重构建基础较好、适应面广的学科专业基础课、主干课和专业课，使其符合国家精品课程建设的要求。

宽口径，是拓宽培养对象的学科领域，使其由“对口性”向“适应性”转变，实行宽口径的职业教育，使其素质全面提高，为社会提供高素质人才。在课程体系建设中，从整体上进行优化，拓宽学科交叉，提高学科之间的知识水平，加强学生的人文素质。按照不同的分类构建课程平台，注重文科和理科的交叉，在课程体系中设置跨专业的课程，强化专业之间的相互渗透，为学生的宽口径发展提供一个学科基础的平台。优化学生的知识结构，使其根据自己的专业特长、兴趣爱好更深层次地拓展专业口径，提高综合素质。

强能力、重素质，是把学生的全面发展和提高学生的综合素质作为出发点，采用分析、模拟、教学等基本方法开展实践教学，通过社会实践、社团活动和专业实习等实践活动，提高学生的实践能力和操作能力，注重“从一般到个别”的解答能力，注重学生“从个别到总体”的调查分析能力，培养学生的思辩能力。

五、创新教学方式

（一）推广研究性教学，培养学生的创新意识

从单纯只提供知识到注重能力培养，要求高校在教学方式上进行一系列的变革，其中一个重要的路径就是加强研究性教学，这也是研究型高校人才培养的一

个显著特征。研究性教学是指将个人的研究观念、研究方法和最新研究成果应用于课堂教学的一种方法。研究性教学使教学基于科研，以科研为依据，以科研为动力，促进教学的发展；使学生在参与教学中，走向科研的前沿，激发了学生主动思考、主动探索、主动实践的创新意识。研究性教学让学生自发地参与探索性学习，获得亲身体验，在日常生活和学习中培养出一种敢于探索、努力求知的良好习惯，从而激发他们探索和创新的热情。研究性教学是一种以探索为目的的教学方式。师生在一个相对开放的环境中，寻找一个问题，寻找一个解决方案。在此过程中，可以培养学生的思维能力，也可以培养他们挖掘和解决问题的能力，这对他们掌握一定的科学的学习方法，增强他们的资料收集、分析、总结能力是十分重要的。研究性教学为学生提供了一个很好的人际沟通与合作的空间，也为他们提供了一个很好的交流平台，让他们可以更好地分享研究资料、学习信息、创新和研究成果，提高学会合作、发现问题、克服困难、共同解决问题的能力；为学生提供一个对各门学科知识进行综合运用的机会，加深学生对已学知识的再记忆，并培养他们的积极创新意识。

（二）推广开放性教学，培养学生的创新能力

开放性教学是要激发学生的积极性和主动性，去探索知识的规律，对传统教学中对学生发展产生的不合理影响进行改革，从而达到对学生进行自主创新学习能力的目的。开放性教学的核心理念是：以学生的发展为本，公开教学目标、教学方法、教学内容、教学过程等，将传统的课堂教学转变为开放式教学，充分发挥学生的主观能动性，让他们自己掌握学习的主动权，自己去探索和发现，进而提高他们的创造性。在开放性教学中，教师教学不能仅仅局限于教材、教案的内容，要为学生营造一个自由发展的空间，营造一个有利于学生自身发展的开放式教学氛围，并根据学生的发展状况，不断地调整教学的各个环节，激发学生的学习动力，使他们在积极主动的探索中，健康、全面、和谐地发展。开放性教学不仅是一种教学方式和教学方法，更是一种教学理念，根本目的是要将学生的创造性最大限度地发挥出来。

（三）推广互动性教学，提高教学质量

互动性教学是指在教学过程中充分发挥教师和学生的主观能动性，师生之间通过交流、讨论获得更好的发展，最大限度地提高教学效果，实现教学目标的一

种教学方法。互动性教学可以使课堂气氛更加生动活泼，并且可以对学生的学习进度和对知识的掌握情况进行及时的反馈。互动性教学包括师生的互动、教学观念的互动、心理的互动、形象与情感的互动。互动性教学具有时代性、交互性和启发性等特点，是一种富有生机的创造性教学方式，要求教师根据教学计划，有针对性地、系统化地激励学生积极地去探索，去学习，让他们的人格得到充分的发展，更好地提高学校的教育质量。互动性教学以学生为主体、以教师为主导，提倡师生之间的平等交流和沟通，使学生在毫无压力的情况下，轻松自在地学习。让学生积极地参与到教学计划的制订和教学决策中，有利于提高学生的自主学习、主动学习和创新学习的能力。

六、提高高校学生文化素质

在高校的整个教育过程中，贯穿文化素质教育，培养的高校学生要具有人文科学素质、自然科学素质，要具有较强的观察分析能力，研究思考能力，语言文字表达能力，决策能力，组织能力，复杂关系的处理能力以及运用计算机和现代信息技术进行学习、工作和生活的能力，从而最大限度地优化整个教育过程，最终达到教学的目的。

第一，要构建科学的课程体系，改革教学内容，改变教学方式，全面提高高校学生的科学素质与人文素质。在具体教学中，要注意人文与科学知识的自然渗透与融合，要综合运用文学、历史、哲学、自然科学等多学科的知识，构建多学科交叉的高校课程体系，为学生科学素质与人文素质的培养打下广阔而深厚的文化基础。在教学中，要注意教学内容的科学性，让学生通过对各种必修、选修课程的学习和探究，构建出一个合理的知识体系，打好基础。

第二，要加强师资力量建设，提高教师队伍的文化素养和科学素养。“身教胜过言教”，教育工作者要对自己严格要求、以身作则，自觉做到诚信、肯学、肯干，将高校倡导的道德标准、价值观念和理论要求落实到行动中去，切实发挥好自己的模范作用，引导和带动学生，增强教育工作的说服力、吸引力和感染力。

第三，要改革人才培养方式，将“知识”“能力”与“素质”相结合，全面提高高校学生的人文素质。只有这样，才能使高校学生在学习、生活、工作三者之间达到协调、同步的进步，才能培养出更多更好、更全面、更优秀的人才。高校教育不仅要传授给学生文化知识，还要教他们获取知识的方法和技巧，让他们在获取知识的过程中，能够充分地发挥自己的能力，充分地提高自己的素质。教育就是为受教育者提供一种可能，使受教育者能够开发自身的才能，完善自身的个性，并为人类文明作出贡献。此外，还需要全社会的积极合作，比如，媒体要充分发挥其正面、积极的舆论引导作用等。唯有如此，培养出来的高校学生，才能成为对社会、对人类有价值的新型知识人才；才能不断地促进教育创新，促进社会的可持续发展。

第三节　高校教育教学理念创新的方法

一、拓展德育教学的教学模式

从职业发展理论的角度来看，高校教育中的德育教学问题，会影响到个人职业发展精神与对职业道德素养的培养。必须以专业发展理念为指导，在高校教育中积极拓展道德教育的功能，使之成为高校教育的一个重要组成部分。

（一）拓展德育教学的内容和结构

当代道德教育必须在当代社会中体现出人的自我道德发展的需要。因而，高校道德教育在构建高校道德教育的内容时，应当更加广泛，更加具体。职业道德是一种衡量一名从业人员道德水平的主要标准，它对人们工作的态度和方向有很大的影响，是决定劳动者质量水平的灵魂，也是高校教育内容的核心之一。同时，在高校道德教育中，要引导受教育者用科学的、先进的价值观念来进行判断、选择和创造。随着科技、经济、社会的不断发展，人们的生活方式、价值观，包括道德观念、道德规范都在发生着改变，原来的一些道德观念、道德规范有可能会被淘汰，因此，必须制定出新的道德规范。其中，科学道德、信息道德、经济道德、网络道德和生态道德等方面的道德建设尤为重要。所以，高校道德教育应成为高校教育的一个重要组成部分。

（二）拓展德育教学的教学形式

拓宽道德教育的教学形态，要充分发挥已有的教育资源与条件，对已形成的教育方式与模式进行选择与扩展。

第一，要充分利用课堂教学的优势，进行道德教育，参加者以课堂授课为主。在进行课堂德育教学时，要以高等学校的特点为依据，在教学计划和教学内容上都要有针对性，要适应市场经济形势，及时对德育目标进行调整。由“完人道德”向“高等道德”的转变，使之具有了更高的发展空间。在对学生的道德教育中，要坚持先进性和普遍性相结合，把培养学生健康的人格作为首要任务，充分发挥学生的主动性，加强师生之间的互动，创造一种轻松、活跃的道德氛围，使学生的思想道德水平得到有效提高。总之，无论在教室内外，德育的目标和重心都应以培养学生健全的人格为核心，只有学生意识到品德建设是人格修养的重要组成部分，才能接受他们需要的教育。

第二，要充分利用各种媒体手段，提高高校思想政治工作的实效。在当代高校思想政治教育中，传统的授课方式已经不能很好地满足当代高校思想政治教育的需要。因此，在德育工作中，高校要用生动的例子来感染学生。通过自主的情感判断，塑造道德模范，激发人们对道德善行的崇敬，在千奇百怪的社会现象中找到自己的道德归属。在教学过程中，要注重运用现代教育技术，把信息技术与课程资源有机地融合在一起。充分利用电影、电视、教学录像等信息化、电子化、智能化的多媒体教学手段，通过这些灵活多样、内涵丰富的声、光、图像等教学形式的直观冲击力，激发学生的学习兴趣，加深对知识的认识，达到事半功倍的理想教学效果。此外，还可以利用网络授课和远程教学，发挥网络教学的优势，拓展德育教学空间，突破高校教育教学时空上的限制，融合课堂教学和多媒体教学的优势，充分发挥网络资源在教育教学中的作用。通过网络进行网络教学，将专家、学者的精彩专题报告、德育教学录像等制作成教学辅导光盘，并在教学辅导网站上和具备条件的教学地点播放。这种生动、灵活、便利的德育教学方法，突破了高校教育的时空局限，发挥了网络的便捷、高效、覆盖范围广、辐射面广的优势，最大化地拓展德育教学的空间，为学生提供全天候的德育教学。

（三）拓展德育教学的评价体系

高校教育的特殊性决定了高校学生的道德评价具有自己的特点。在教学计划中所包含的所有内容都可以用知识测验的方法来检验和评价；对学生的思想和行为的检查，可以在平时的管理中对学生进行检查和评价；对学生的行为评估，主要是通过学生所在单位的评估和后续的问卷调查。此外，还可以通过设立评奖系统，对学生进行精神和物质上的奖励，来充分激发学生的积极性，使他们在思想上、学习上更加积极主动。成绩不好的学生要受到批评。经过长时间的探索以及多年来高等教育教学的实践，制定出一系列的评判原则和标准，构建出以职业发展为基础的高校德育教学全方位评价体系。

（四）拓展德育教学的管理网络

高校德育工作是一个复杂的系统工程，要进行有效的组织和管理，就必须动员学校和学生家庭等多方力量。主办学校要按照国家的相关法规，依据高校教育的自身特点，制定出一套科学、规范、切实可行的评价考核标准以及一套可行的考核措施，比如班主任的配备，班级临时的党、团支部的活动安排等，对德育教学的实施和对知识的考核进行监督。学生生活的社区和学生的工作单位，担负着对高校学生的日常监督、检查的职责，并负责平时的思想政治教育。学生的工作单位对学生的日常表现和思想状态作出评价。各个环节协调一致，才能形成高校德育教学的有效组织管理网络。

二、确立多元化的教学模式

在职业发展理论指导下，创新高校教育教学模式，必须以高校受教育对象的职业发展需要为导向，构建一种跨越时间和空间的弹性学习机制。要建立一种多元化的高校教育教学模式，一定要反映出高校的特征，要把高校的生活、需要和问题作为核心，要把能力的培养和各种教学模式的应用结合起来。在这种新型的教学模式中，应该将个人的思考能力和实践能力作为重点，而不是单纯地将基础知识教学放在第一位，而是将重点放在解决问题的能力上，同时也注重在面对迅速变化的职业生涯以及多元化的价值取向时，培养学生所应该具备的包容性和理解力。从课程构建的目的来看，要突出以人的全面发展为前提的综合素质，突出人的创造力。将科学精神与人文精神融入教育建设之中，从而对学生的性格进行熏陶，使学生能够顺利地走上自己的职业生涯之路。

根据教学对象的不同，我们可以将多元化的教学模式划分为针对全日制学生的教学模式、针对学生业余爱好的教学模式和针对函授生的教学模式。针对全日制学生的教学模式，其教学目标是：系统地掌握知识、方法和技能，使学生的综合素质得到全面提升；其教学内容是：基本理论+专业理论+专业技术；其教学方法与手段具体包括：课堂教学法（主）+试验实践教学法（主）+网络教学法（辅）。针对学生业余爱好的教学模式，其教学目标是：较系统地掌握知识要点，具备从事专业岗位所需要的知识结构与知识适用能力；其教学内容包括：基础理论+专业理论+理论应用；其教学方法与手段是：课堂教学法（主）+网络教学法（辅）。针对函授生的教学模式，其教育目标是：理解一些理论知识，基本具备进一步提升的能力，基本掌握这些知识的应用；其教学内容为：基础理论+专业理论+理论应用；其教学方法与手段是：网络教学法（主）+课堂教学法（辅）。

在实施过程中，确立多元化的教学目标应注意以下三点。第一，要注重对受训者能力的培养。函授生和业余生都来自生产、服务和管理第一线，他们的实际工作经验比较丰富，但是他们的理论知识比较欠缺，所以他们必须通过对专业知识的学习，加强理论知识和实际工作的融合，培养对专业技术知识的综合应用能力，而他们的学习目标就是要适应市场的新情况，并在学习中找到更好的工作。为此，高校的教育与教学模式应体现“以人为本”“突出人的能力”的目的。第二，要倡导时间与空间相结合的教育方式。目前，我国高校毕业生中存在着“工学矛盾”、“文化课”水平参差不齐等问题，这些问题都给教学管理、教学质量的提高带来了一定的困难。网络的教学方法可以很好地解决上述问题，它具有时间和空间上的优势，可以为成人高校教育的学生提供一个跨越时间和空间的学习环境。同时，网络教育也是一种辅助教学的方式，对基础薄弱的学生有一定的帮助。因此，多元教学模式必须具备“虚拟学习环境与学习社区”功能。第三，要建立多种教学方式，改变教育理念，对教学方式进行改革，使之符合高校学生的心理特点，符合社会、科技和生活的发展需求。

三、引入校企合作的教学模式

在高校教育的过程中，高校学生经常要同时面对学习与工作的双重压力，很难将时间与精力合理地分配到这两个方面，从而形成了一个比较难以解决的“工学矛盾”。为了让学生在学习与工作中寻找平衡，提升学生的实际操作能力，必须引进校企合作的双元制教学模式，适应学生职业规划发展的需要。

（一）建立校企联动机制

合作必须建立在互相信任、互相需要的基础上，寻找“互动”的结合点是合作的重点，不然很难形成合力。学校、政府、企业三方均有互动的意愿和条件，这就为建立“学校主办、企业和政府协办或督办”的共同办学联动机制奠定了基础，也为学校、政府、企业合作的人才培养模式的推行扫清了障碍。

无论是学校、政府，还是企业，都十分重视发展。因此，“学校—政府—企业”合作的逻辑起点应是“发展”。学校的发展，最重要的是要通过对人才的培养来实现，因为政府（社会）和企业发展都需要人才，所以人才就变成了两方或多方联动的结合点。要使学校、政府、企业三方共同参与人才培养，就需要构建一种从管理体制到运作方式的有效互动机制。一定要构建一个以现代信息技术为基础的网络交流平台，建立信息联系制度和信息发布制度，使外部宣传和信息交流渠道更加畅通。

（二）规范校企管理模式

如果是双方或者多方进行合作，就需要通过契约或者协议来确立具有约束力的合作关系，并对各方的职责和义务进行明确，这样才能保证合作的效果和规范。与此同时，一定要充分尊重高校的教育规律、高学历学生的特点、政府和企业的实际需求，构建一套以主办学校为主、政府和企业共同参与的教学管理体系，对重要的问题进行共同的讨论和决策，对各个教学环节进行合理的安排，保证教学的质量，实现规范性和灵活性的完美结合。在办学过程中，采取项目管理，也就是由学校的教育主管部门与企业、政府的负责人组成项目管理小组，对培养计划、管理制度进行研究和制订。在具体的教学实践中，学校、政府、企业三方之间进行密切的合作，对教学情况进行及时的把握，从而有力地保障人才培养质量。

（三）合理设置培养目标与教学计划

高校要实现为生产、建设、管理、服务第一线提供“德才兼备”的应用型人才这个培养目标，最关键的就是要制订出一份以较高层次的技术应用能力为培养主线的方案，构建出一个科学、合理的课程体系，并确定出一个学以致用的教学内容，以及一个与学生的职业发展和工作岗位紧密相关的实践教学环节。所以，要从根本上改变传统的高校教育的人才培养方式，构建以“学历+技能”为核心的学科课程和技能训练一体化的课程体系。在制订教学计划、教学内容时，要充分调动学生及社会各界的积极性，以提高教学计划、教学内容的针对性及实践性。事实表明，学校、政府、企业合作的人才培养模式是一种多方共赢的人才培养模式，也是促进高校教育事业可持续发展的一种行之有效的模式，随着科技、经济、社会的持续快速发展，它一定会有一个光明的未来。学校、政府、企业三方合作的模式和运作机制，学历教育和技能培训的关系以及对学生的考核和评估，都需要高校在实践中继续探索。高校要不断地进行改革，不断地创新，不断地拓展自己的教育管理理念，积极地走出校园，把高校教育真正地变成一个面向社会的开放型教育，为社会各界和企事业单位提供更多的优质人才。

四、以学生为教学中心

职业发展理论以个人在工作场所的职业发展为核心，归根结底是一个“以人为本”的问题。在此基础上，本节提出了“以人为本”的思想指导高校教育教学改革。在高校的教育教学中，最重要的是要始终坚持把学生放在核心位置，把人的教育作为一个起点，把人的教育作为根本。这就意味着，高校教育的教学评价必须把人的发展放在第一位，把目光放在社会对人的多样化的需要上，而不能将其局限在对知识的考核上。在职业发展理论的基础上构建的高校教育教学模式，要真正体现出“以学生为中心”的理念，就一定要尊重学生的评教权，同时也要尊重他们在教学中的选择。在高校教育中，学生在学习过程中，不再是被动地接受对自己无用的知识，而是主动地寻找对自己有价值的知识。他们所需的是一种自主的权力，即对知识进行选择与建构的权力。为此，高校应实施“以人为本、以生为本”的办学理念，对高校的教育管理模式进行创新。在高校中，学生的实际技能水平是评价高校人才培养质量的重要依据。为此，在以职业发展理念为指导的基础上，进行高校教育教学改革，必须坚持“以学生的实际能力为衡量标准”。

第四章　高校教育教学实践创新研究

第一节　高校文化管理创新研究

高校是人才培养的重要基地，应该具有“文化育人”的功能。高校是知识的聚集地，也是思想的发祥地之一，理应成为社会文化的风向标和引领者。为了促进社会主义文化的大发展和繁荣，高校教育必须从两个方面着手：一是加强自己的文化建设；二是要担负起文化传承创新、文化辐射引领、文化服务保障的重任。

一、文化、文化管理和高校文化管理的内涵

文化是什么？粗略地看，对“文化”的界定有数十乃至数百种之多。有趣的是，尽管文化包含了很多方面，但是不同的定义却都有着相同的特点，那就是观念形态、精神产品、生活方式这三层含义。具体地说，文化包含了人们的世界观、思维方式、心理特征、价值观念、道德标准、认知能力，以及通过物质形式可以反映出人们观念上的差异和变化的一切精神物化产品。高校文化是指在高校思想、制度和精神层面上形成的一种过程和一种气氛，是理想的精神家园，是思想启蒙、人格唤醒和精神震慑的综合体。高校应当使校外的人们为之着迷，使校内的人们为之振奋。高校教育要以人文精神培养全面发展的人才，让他们成为国家、文化的中流砥柱，引导社会向前发展。高校文化能使知识升华，能使能力升华，能使人格升华。

文化管理，也称“人化管理”，是指把人作为根本出发点，把人的价值发展作为最终目的的一种对人的尊敬和管理。在这一部分中，我们将从文化权力的

角度，来探讨一个以文化权力为基础的管理模型。高校文化建设应坚持“以人为本”的理念。高校文化管理和企业文化管理是互为补充的，既要借鉴企业文化的理念，又要发展自己的文化要素。因为高校本身就是一种文化的存在，它是一种文化的实体，把传承和创造文化作为自己的使命，把文化作为一种媒介来培养人、塑造人。高校与文化的联系具有其他社会因素与组织所不能取代的特点，所以，在高校经营中更应重视文化的影响。

高校文化管理是以文化为基础，注重高校文化的建设，并利用文化要素和文化资源来调控的高校管理活动，具有价值性、伦理性、知识性、人本化、合作性、品牌形象性、整合性等特征。一所高校的精髓在于其文化。校园文化对教师和学生都有重要的意义。

二、高校文化管理的特点和意义

（一）文化管理和高校文化管理的特点

1.文化管理的特点

（1）管理的核心由以“物”为核心的科学管理向以“人”为核心的文化管理转变，“人”不仅是管理的出发点，也是落脚点。文化管理的核心是尊重人，关心人，培养人，激励人，发挥人的潜能。

（2）管理的人性假设以“善”为前提，以“性恶”为其哲学基础，将人视为“经济人”。文化管理将人视为“观念人”“自我实现的人”，其哲学依据是“性善论”。

（3）文化管理以人文关怀等激励手段来调动、激活行为主体的内在需求和动力，以求实现积极的发展。

（4）文化管理严格于管理者的思想（信念、价值观念），并对人们的行为产生直接的影响，这是一种新型的管理模式——“文治”，也就是用文化来管理。

（5）在文化管理中，领导者起着良师益友的作用，是一种“育才”的领导方式。

（6）激励风格内化、主体化，以内部激励为核心，注重对自身价值的实现。

（7）文化管理具有合理化和非理性的特征，是人性化的管理。

（8）在文化管理中，权力的划分变得模糊不清，管理者与被管理者之间的关系变得更加平等。

（9）文化管理依赖于思想的交流、价值的认同、情感的互动以及社会的风气，也就是以非强制的、非物质的方式来进行。

（10）在文化管理中，管理者与被管理者之间存在着一种基于共同目标的协作关系。

2.高校文化管理的特点

高校文化管理强调“以文化人”的“教育”，使高校文化与其他文化形式相区别；重视主流价值观的引导，加强高校学生思想政治教育；注重构建具有自身特色的高校文化，增强发展活力。

（1）教化性以人才培养为天职，高校文化管理必须始终围绕“育人”这一中心任务展开。高校“以文化人”，就是要用文化的力量去感染、熏陶、引导学生，使学生的情感得到陶冶、思想得到净化、价值得到认同、行为得到规范。高校文化育人的过程，实质上是塑造健全的人格，开发智力潜能，丰富生命内涵，让受教育者得到自由、全面、完整的发展。

（2）在高校文化管理中，要以马克思主义为指导，坚定不移地用中国特色社会主义理论体系来教育教师和学生；要强化理想信念教育，弘扬以爱国主义为主要内容的民族精神，弘扬以改革创新为主要内容的时代精神，提高学生的综合素质。

（3）独特的高校文化应具有个性、魅力，富有生命力。高校在探索真理、崇尚学术、传承文化等方面有着共同的追求，但是因为不同高校的文化传统和类型不同，所以社会对其要求也就不同。为此，我们要构建和发展具有鲜明特色的高校文化，构建出不同类型、不同层次、不同风格的高校文化，使高校文化成为一个丰富多彩、相得益彰的整体。长期以来，有不少高校在办学定位上趋同、办学理念上雷同，使高校文化同质化，这就造成了高校文化缺失的不良后果。

（二）高校文化管理的意义

文化，是一种精神上的创造行为，是人们持续不断地创造行为的结果。对一国来说，文化是一国之魂。从高校的发展史来看，高校正在经历从经验管理、制度管理（科学管理）到文化管理的转变过程。学校文化管理是一种新型的更高级的管理形态，是学校经验管理、制度管理（科学管理）的总结和升华，是管理内容的回归，是一种适应知识经济时代的新型学校管理方式。

如何在高校中营造良好的文化氛围，并在此基础上积极推动高校文化建设，对高校的发展有着十分重大和深远的意义。随着我国社会主义市场经济体制的逐步完善，我国高校开始逐步引进市场力量，高校间的竞争日趋激烈。一所高校要想在竞争中立于不败之地，就需要具备一定的核心能力，使其能够更好地发挥出文化的传承创新功能、文化的辐射引领功能以及文化的服务支持功能，这些功能都会对高校的发展产生深刻的影响。文化在高校与人的发展中所发挥的作用，可以分为三种情况：深，广，远。①深。高校文化的管理是一种内隐的、深层的、看不见的力量，它对高校改革和发展起着决定性作用。高校文化管理是一种具有导向、提升、凝聚、激励、稳固等功能的教育管理，它给学校的发展注入了强大的动力。②广。主要体现在文化的无处不在，渗透于校园生活，并对社区、城市文化产生深远的影响。③远。与生俱在、与校共存、与人同享，在学生时期有幸受到的先进高校文化熏陶将会终生有益。

高校文化的内在功能是以“教育”为核心的，外在功能是以“传承创新”“辐射引领”“服务支撑”为核心的。高校为文化发展服务，推动文化繁荣，是一项艰巨的任务，也是一项巨大的事业。

1.文化传承创新功能

高校不仅是一个教育性的组织，同时也是一个文化产物，它的使命就是传播知识、传承文化。传承是创新的先决条件，而创新的方法就是扬弃，是在对前人所积累的文化成果进行充分把握的基础上，去其糟粕，赋予其新的含义，创建新的知识，形成新的文化。高校就是这种新知识、新思想、新理论的重要发源地，它可以对本民族的优秀文化进行传承，并对世界的进步文化进行借鉴，从而创造出一个时代的先进文化，使精神文化的内涵得到丰富，充实了人类智慧的宝库，从而促进社会的文明进步。

2.文化辐射引领功能

高校既是社会文化的一部分，又因其所具有的优越性，对社会文化产生了深远的影响。高校既是进行学问和探索真理的学术殿堂，又是高学历和高层次人才的聚集地，对社会文化起着影响和辐射作用。高校文化是一种以价值判断为导向的文化，它对大众文化的升华，对大众文化的超越，对高雅文化的彰显，对主流文化的强化，对社会文化的发展都产生了正面的影响。纵观历史，高校始终是新观念、新理论、新思潮、新运动的源头，始终走在文化潮流的前列。在历史的转折点上，高校常常是第一个高举时代火炬的，高校文化对构建整体文化形态和塑造文化精神起到了辐射、提升、示范和引领的作用。

3.文化服务支撑功能

高校不仅可以用自己特有的高校文化对社会文化产生影响，也可以用自己所培养的大量人才来促进社会文化的发展，还可以用科学研究和直接的社会服务来促进社会文化的发展。在新的时代背景下，高校要充分发挥文化建设的人才库、智囊团和思想库的作用，提高为社会主义文化发展服务的意识和能力，为文化事业、文化产业的发展和文化体制改革的深化提供智力支撑。高校应该在文化方面加强专业建设，充实优秀传统文化的课程内容，建立优秀传统文化的教学和研究基地，从而为社会提供一大批高素质、高层次的专业人才；要加大文化学科的研究力度，大力推进哲学社会科学的发展，在理论研究、文化创造等方面有更多的成果；应该积极地参与到建立一个对文化繁荣发展有利的体制机制中去，拓宽为发展文化事业和文化产业及深化文化体制改革提供服务的渠道，让文化志愿者队伍变得更加强大，并开展各种群众性精神文明创建活动。我们应该积极搭建国际文化交流的平台，促进文化“走出去”“请进来”，从而为我国文化软实力的提高和国际话语权的增强作出自己的贡献。

三、高校文化管理的构建

如何做好高校文化素质教育的管理工作，促进校园文化的发展？与学校的硬件设施相比，文化管理是软性配置，是一种看不见、摸不着的隐性特征，是一种更艰巨、更持久的工作。做管理工作，归根结底还是要看人的思维。是否有一套严谨的管理标准体系能够得到有效的实施，关键在于人们对它的认识深度和高度。在高校教育中，文化和制度就像法律和道德的关系一样，是一个有机的整体。校园文化的产生与完善，既是高校自身发展的需要，又是从传统的教学模式走向素质教育模式的必然选择。同时，它也是一种以人为本的文化，强调了“人文”“人本”“人情”“人性”“人权”等对高校管理活动的影响，并在高校教育管理活动中产生了强烈的磁场。高校文化是一种弥漫在空气中的精神存在，在每一名教师和学生的呼吸吐纳之中，将其转化为一种气质和一份修养，或者体现在言谈之中，或者表现在文字之中，从而构成了一种学校管理的文化，也就是我们所说的管理文化。高校校园文化建设在高校发展中所起到的作用，可分为三个层面。

（一）用物质文化陶冶人

校园物质文化指的是校园的外在文化，它是通过一定的文字符号作为载体，将校园精神在校园的各种标记物中体现出来，如校服、校歌、校刊、校报、雕塑、建筑、艺术节、文化墙、名言警句等。它是构建校园思想文化的前提和条件，也是思想文化、制度文化赖以生存发展的基础和载体，对培养学生和教师的情感有着积极的作用。美丽的校园环境具有“春风化雨”“润物无声”的作用。美丽的校园风景、干净整洁的校园环境、美观科学的班级布置、文明健康的文化教育设施等都能给学生带来强大的精神力量。在美丽的校园里，学生会被这种精神力量所感染、所影响，会因为它而产生爱校、爱师、爱同学、爱家乡、爱祖国的崇高情怀。在这种安静和谐的氛围中，学生能感受到心灵的宁静，从而增强了环保的意识。这对培养高校学生的世界观、人生观和价值观具有十分重要的意义。

（二）用制度文化规范人

校园制度文化指的是校园里的人在交往的过程中形成的社会关系以及用来调整这种关系的规范系统，它是校园里所有活动的标准，其中包含了与之有关的法律法规、学校管理体制及其规章制度、组织机构和运行机制、具体的行为规范等内容。

（三）用思想文化凝聚人

校园思想文化指的是一所学校在长时间的办学中所形成的一种学校意识和文化理念，它是一种深层的校园文化，是一种校园文化的精髓，在班级风气和校风的建设中，它的作用是非常明显的。班风、校风无形无质，但体现在校园的各种文化载体和行为主体上，让人无时无刻都能真切地感受到其特有的感染力、凝聚力、震撼力。在这一过程中，不需要教师进一步的讲授，学生就会自然而然地感受到这一过程中所产生的精神上的净化、情感上的熏陶。校园思想文化属于校园的内隐文化，属于校园文化的深层次内涵，它是在长期的校园物质文化、校园制度文化和校园行为文化的建设中，不断地积累、整合、提炼出来的；它是一种能够反映学校广大师生员工共同的理想目标、文化传统、学术风范和行为准则的价值观念体系，是很难用文字、符号来表达的。校园思想文化反映了一个学校的整体面貌、水平、个性、凝聚力、吸引力、活力。校园思想文化具有五大功能。

一是导向功能。校园思想文化是一股强有力的教育力量，对教师、学生的健康成长起着重要的作用。二是凝聚功能。高校思想文化作为“灵魂的黏合剂”，把社会上各阶层的人聚集在一起，让教师和学生对学校有一种使命感、自豪感和归属感，从而形成强大的向心力、凝聚力和集体感。三是动力功能。高校思想文化常会形成一种动力，激发全校师生的积极性、主动性和创造性，让全校师生始终保持昂扬的斗志，努力工作，以满足他们的各项精神需要。四是管束功能。高校思想文化通过意识形态的强大心理制约力，让学校中的人们自觉地接受所需的规制，从而让个人的行动与公共规范相一致。五是辐射功能。高校思想文化以自己特有的方式对教师和学生进行教育和影响，并对周围和社会发挥一定的影响。

第二节　高校学生管理创新研究

一、树立科学的学生管理理念

（一）以学生为本

做好高校学生管理工作，要确立“以学生为本”的管理理念。“以人为本”是现代管理学中常用的一种重要理论，对现代高校的经营管理有着重要的影响。目前，我们正从教育管理的视角，探索如何将以人为本理论运用到高校学生管理工作中，树立起高校学生管理工作的人本价值观，坚持以学生为本，尊重学生的主体性、能动性，这是从传统到现代的一条创新道路。高校学生是学生管理的对象，也是学生管理的主体。所有的管理活动都要以学生为本，尊重学生的个性特征，让学生能以一种积极的态度，积极地参加学生管理，并进行自我管理。

高校学生管理工作中若不能将“人性”（情感）融入管理之中，注重师生之间的感情沟通，就很难激起学生的学习热情。所谓的情感管理，指的是在管理的过程中，要尊重人的个性特点，要将人的情感因素考虑进去。它的重点是要“讲情感”，这就要求高校学生管理者在按照规章制度办事的同时，要真心实意地为学生服务，要急学生之所急，想学生之所想，要对学生有感情；同时，要注重对学生的情绪反应的把控，通过情感交流，了解学生的实际情况和问题，进行引导和教育，实现对学生的有效管理。

（二）重视学生的个性差异性

人都是有个人差异的，人的个性是多种多样、丰富多彩的。人作为管理的客体，既有其社会属性，又有其时空属性。由于受学习动机、兴趣、价值观、家庭条件、社会经历等因素的影响与控制，加之原有的知识经验、情感意志等因素的制约，因此高校学生的思维与行为必然会表现出鲜明的个性特点，他们在面对相同的问题时，会有不同的看法与态度。这就需要高校在开展学生管理工作的时候，要跟学生进行面对面的沟通，全面而准确地把握每一个学生具有的个性，并针对每一个学生的现实思想状况，采用差异化的方法，制订出不同的计划，有针对性地解决其各类思想矛盾和思想问题。

（三）以自我管理为重心

高校学生的自我管理，是指在高校的指导下，根据教育目的和培养目标，运用现代科学的管理方法，对自己的思想行为进行自我调节和约束的过程，是一种学生提高自我认识，形成自尊心，养成自觉的行为习惯品质，培养自我奋斗精神的过程。为了适应新形势、新情况，高校要使学生由管理工作的被动接受者转变为积极参与者，使学生明确学校的管理目标，使管理成为学生的自觉行动。高校应注重帮助学生认识到自我管理的重要性，指导他们使用自我管理的方法，为他们提供进行自我管理的机会等。让学生在自我管理的过程中，充分发挥自己的才能，锻炼自己、培养自己，同时也约束自己，在健康的人格中，表现出不同的个性。多给学生参与的机会，既能增进交流、了解，又能发掘出更多的人才。

（四）灵活采用激励方法

通常采用的激励方法主要如下。一是理想激励法，即通过激发学生对理想的追求，让他们为实现自己的人生价值而努力学习、工作。二是目的型激励法，即通过指导学生按照既定的目标努力工作，从而提高学生的责任心，让学生觉得自己在工作和学习中有方向。三是信息激励法，即通过信息交换和反馈，让学生知道自己的学习和工作进度，让其形成一种危机感、紧迫感，从而产生一种向目标前进的动力。四是精神激励法，即根据学生的精神和文化生活，对其进行嘉奖，授予其某种荣誉称号，以使其不断进步。五是物质奖励法，即以某种形式的物质奖赏方式，使学生在生活中得到满足，从而激发其积极性，提高其获得实惠的感觉。在使用激励方法的时候，要根据不同的人、不同的事、不同的环境，灵活地使用激励方法，而且要把握好时间，适当地使用激励方法，只有这样，才能使学生管理工作的效果更好，才能自然地提升学生管理水平。

二、完善学生管理机制

学生管理指的是对在校学生进行的全方位管理，它涉及范围很广，与学校的多个部门都有关系，因此需要各个部门之间进行协调，理顺各个部门之间的关系，从而形成合力，来解决学生管理面临的新问题。高校应从以下三个方面来完善学生管理体制。一是将学生管理系统中各部门、各层次、各岗位之间的职责权限关系进行理顺，构建并完善责任制，做到责任到岗，责任到人，责、权、利相统一。二是要适度下放权力，充分调动基层的积极性。当前的高校学生管理体制是以校、院（系）两级职责分明、条块结合的学生工作网络与运作机制为主要特点的，校、院（系）应承担起对学生的思想教育与管理的双重职责。所以，在给院（系）一定责任的同时，也要给其一定的权力，以实现责权统一。将管理权力适当地下放到各个院（系），这样可以更好地帮助其在第一时间发现问题，并及时进行教育和处理，这样可以提升管理工作的实效性。三是进一步推进学校和院（系）级的学生工作制度，使两级学生工作更加和谐、统一。要强化年级管理，并把班级管理与专业课教学有机地结合起来。在学分制下，“班”仍是最主要的一种学生单元组合，应该将其纳入学生管理机制中去。

建立科学、规范、完善的高校学生工作体系，对提高高校学生管理工作质量具有重要的意义。高校应当结合自身的实际，制定一套完整的、有一定可操作性的程序、步骤和规章制度，并以此来规范学生的行为，实现对其有效的管理。

三、改进学生管理方式

在高校里，要有一种改革创新的精神，要积极探索新的途径、新的方法、新的手段，推进学生管理工作走进网络、走进社团、走进宿舍楼，从而让学生管理工作走进新的模式。

（一）学生管理工作走进网络

互联网给教育带来了根本性的变化，越来越多的高校学生通过互联网获得知识和各类信息。网络文化的特征是：内容丰富，传播速度快，传播环境宽松，覆盖面广，难以监控。高校要充分发挥现代网络的优势，建立一个行之有效的信息网络，为高校学生管理工作开拓新的空间。第一，要加强高校学生网络道德与心理素质教育，提高高校学生的自我约束能力。应该定期组织网络知识和网络讲座，在思想上对学生展开正面教育，培养学生的责任意识，从而提高他们的是非敏感能力和鉴别能力。第二，要强化对网络的监管，使学生养成良好的上网习惯。第三，要指导学生进行丰富多彩的、健康的体育活动，多组织一些符合学生兴趣爱好的比赛、问答等。第四，实现教师、学生、学校三方的网络沟通，学生管理人员应该熟练掌握网络信息技术，学会在线教育的方式，及时对网络上的信息进行收集、分析和监控，找出学生关心的热点、难点问题特别是带有倾向性和群体性的问题，及时采取行之有效的对策，把工作做好。

（二）学生管理工作走进社团

在当前高校社团在高校中的地位越来越重要，高校社团的组建也越来越兴盛。这些社团成为一个个很好的平台，可以让教师更好地了解学生，以便更好地调节自己的教学方式。高校学生管理人员应充分发挥社团的作用，做好思想引领与管理工作。第一，要提升学校的社团文化活动水平。加强校园社团文化的建设，就是要将其提升到与高校学生所能接受、所能达到的程度，并使之更符合高校学生的审美情趣。第二，要强化对高校学生社团的监管。高校学生社团活动是高校学生自我管理中的一项重要内容，也是高校教学改革的重点。学校应加强对社团组织的管理，使其在开展活动时注意以下几点。一是学生社团要服从学校的领导和管理，在法律和校纪校规的约束下开展活动。二是要求学生社团在校内开展社会性、政治性、学术性等方面的工作，须经过校方的批准。三是在校内外发行的学生社团宣传资料，要经过校方同意，服从校方的统一管理。第三，在高校社团文化建设中要注重长效和实效。

（三）学生管理工作走进宿舍楼

在高校后勤服务社会化的进程中，宿舍的环境氛围、文化设施、管理服务质量和管理方式等，都对传统的学生管理工作产生了新的影响，也为学校的稳定工作带来了新的问题。学生管理工作应结合目前学生宿舍楼的特点，创新学生管理工作的组织形式和工作机制。例如，辅导员到宿舍楼，和学生一起吃、一起住、一起生活；成立学生宿舍自治管理机构，将学生宿舍建设成为学生自主学习、自主管理和服务的地方；积极开展宿舍文化建设，营造良好的校园环境和氛围等。在高校学生宿舍管理中，尤其要注意对高校学生群体性行为的规范和引导。一方面，要培养高校学生全面、客观、辩证的思维；另一方面，要构建起一种常态化的信息反馈与对话机制，要有针对性地对高校学生进行情感疏导，以此来强化对高校学生群体行为的调控与引导。在新的形势下，高校学生管理工作要真正树立以人为本的管理思想，在管理过程中要充分发挥民主，调动学生的积极性，强化自我管理。在此基础上，进一步完善和提高学生管理工作质量，以便提高学生管理工作的科学化、法治化和规范化水平。只有不断地学习和探索，才能更好地适应时代发展的需要，才能更好地服务于人才培养工作。

第三节　高校考试管理创新研究

高校考试是高校教育教学活动中的一项重要内容，它不仅是一种对教学成果进行评估、对教学工作进行信息反馈的方式，同时也是维护教学秩序、保障教学质量的一种重要方式。因此，对高校课程考核进行科学、规范和合理的管理，就显得尤为重要。本节对高校考试管理中存在的问题进行了深入的剖析，得出了以下几点结论。高校考试管理是针对高校考试，旨在为提高考试工作的有效性、检验教师的课堂教学质量、找出教学中的问题、全面评价学生的学习成效和创新能力而进行的一项管理工作。通过严格、科学的考试管理，可以维护考试的权威性，发挥考试的作用，形成一种求实、求真、务实的考试风气。考试管理体系是一个由理念、规划、目标、体制、人员和技术等多个要素构成的综合、动态的体系。要使高校考试管理科学化、规范化和合理化，最关键的是要从根本上推动考试理念的深刻变化。应设立考试中心，健全考试管理制度；加强对高校招生考试工作的培训与建设；实行教与考分开的科学性、多元化的考核方法，注重平时考核，并实行全过程的考核。

一、高校考试管理的构建

（一）高校考试管理应遵循的基本原则

考试是教学过程中十分重要的一个环节，它不仅要完成对学生在一个教学过程后学习情况的评价任务，而且要检查教师的教学效果与水平，诊断教学中存在的问题，反馈在教与学的过程中的各种信息，从而起到推动教学改革的作用。它所特有的“评价”“引导”“激励”“评价”“系统集成”五种功能，是其他教学环节不可取代的。高校考试必须符合社会发展的需要，必须符合受考者的身体、心理和心理发展水平，要有利于提高学生综合运用所学知识解决实际问题的能力，并有助于提高教师的教学水平，才能保证人才培养的质量。考试规则是考生进行考试的基本原则，也是他们进行考试时必须遵循的原则。课程考试管理作为一项基本的教学管理工作，要确保考试的公平性与客观性，充分发挥考试效能。

1.指导性原则

考试管理是指管理者根据所设置的考试目标要求，采用适当的程序、方法、手段及行为规范，合理调配人、财、物、信息等资源，有效地控制考试活动，以实现一个共同的目标的一种社会活动过程。考试管理既是由于一定管理目标的需求而被发起的，又是以实现预定目标为目的的，它的管理过程的产生和形成都以一定的管理目标为前提，而目标本身总是体现出一定的方向性，要以所引导的方向是否正确作为衡量的标准。因此，在实施科学的考试管理过程中，必须坚持指导性原则。

2.科学性原则

科学性原则是指以现代管理理论、教育测量与评价理论、教育管理理论、心理学理论等为科学依据，确保考试管理工作的可靠、可信，并采用科学的考试管理方式和成熟的管理经验，充分发挥考试管理工作的效能，实现管理目标。

3.公正原则

考试管理的公正与否，既关系到考试的权威性，又关系到学校的声誉，更关系到学生的切身利益，直接影响到学生的心理，甚至关系到学生对社会的看法。因此，高校要积极营造公平的考试环境。

4.系统原则

系统是由相互联系、相互作用的若干元素组成的一个有机整体，具有其各个元素所不具有的新的属性和功能，并与一定的环境发生相互作用。考试管理是一项与教学管理、思想政治工作、后勤工作密切相关的系统性工作，它牵涉教学系部、学生处、党团组织、总务、保卫等各方面，必须做好各项工作，保证考试管理工作的正常进行。

（二）高校考试管理的运行条件

考试管理工作的目的是使考试工作规范化、标准化，使其与计划相一致，并按照预定轨道运行。保证考试结果的正确性，根据考试结果分析考试成功或失败的原因，提出改进措施，从而为新测试的实施奠定理论和实际的基础。高校考试管理工作要实现从理念到实践的转变，就必须具备以下条件。

1.健全的考试组织机构

没有一个健全的考试组织机构，就无法对考试进行全面、系统的研究。所以，我们要不断地更新和完善考试的理论，用它来指导新的考试实践，增强考试主动适应社会发展需求的能力，使其能更好地发挥其功能。建设一个稳定的、专业化的考试机构，才能使整个考试的设计、实施、管理变得井然有序，从而实现"量尺标准""实施规范""结果真实"等施考目的。

2.素质优良的考试管理队伍

要确保考试质量，提高考试效率、考试成绩，必须建立一支高素质的考试管理队伍。考试管理团队是由学校、各职能部门、各教学单位的主要领导和普通管理人员组成的一支队伍。根据高校考试管理体系的运作流程，高校考试管理团队可分为高校考试行政团队、高校考试业务团队和高校考试科研团队。考试是一个由命题、测验、评卷等多个环节组成的动态运行过程，每个环节都与考试的质量密切相关。考试行政队伍的建设是为了强化考试的外部组织与管理，考试业务队伍的建设是为了提高考试的内部运行能力，考试科研团队的职责则是紧密联系高校教育教学实际，注重对课程考试的理论与实践问题的研究，为学校的考试工作提供理论依据。

3.健全的考试规范、严格的考试流程和科学的考试控制标准

实行测试监控的依据和规范，是引导考试工作走向、避免考试偏离正常轨道的保障。这对确保考试的权威、公平、公正起到了十分重要的作用。考试规范，即考试运行的规程和应试人员的行为准则，是对考试运行最直接的管制，一般包括考务规程、命题细则、监考守则、考场规则、评卷实施细则、考试信息管理条例、保密条例、违纪处罚条例等。严格的考试流程，即对从考试命题、实施到评价分析反馈、考场安排、各类工作人员配备等各个环节，都要进行严格的规范，对考试的全过程予以重视。科学的考试控制标准包括：命题、考场设置、考试实施、阅卷与评分、对考试结果进行分析与处理的时间标准；数量标准包括：考点设置、考场编排、试卷长度和满分值、试卷印制与分装、施测环节各类工作人员配备、阅卷人员及所需设备配置的数量规定等；质量标准包括：考号及考场编排

的科学性，考点、考场设置的规范性，各类人员配置的合理性，施测控制的严密性，试题编审和试卷印制的合格率，试卷分装的标准性，评分、计分、登分、核分的准确率或差错率以及考试成绩的可靠性、有效性和公正性。

4.良好的信息传输与反馈机制

如果没有正确的信息反馈，就无法对考试进行有效的控制。从整个考试的过程中可以看出，考试质量分析是信息反馈的主要途径，应该根据考试结果，向学生提供反馈，以检查教学目标的实现情况，对教学措施的实施效果进行检查，发现教学中存在的问题，从而对教学工作进行改进。通过对试题反馈的分析，教师不仅能清楚地了解学生的学习需求与预期，还能在这一教学情境中获得许多启发和感悟。在师生互动的过程中，教师可对自己的教学进行反省，并在此过程中不断学习，获得更多的教学经验，从而达到更好的教学效果。从教学管理的角度来看，试卷反馈分析作为一种检查、反思、总结的方式，可以促进教学相长，为今后的命题、考试、评价等方面的教学管理工作提供宝贵的经验，同时也为教学双方提供一个平等、真诚的教学交流和情感互动的平台，促进师生关系的良好发展。对考试的质量进行分析，则能够使考试的决策者及时、客观地了解考试的情况，从而对考试中出现的各类偏差进行分析，找到造成考试偏离的原因，并对其进行调整和控制。总之，良好的信息传播与反馈，是保证考试决策准确性与科学性的根本。

二、高校考试管理改革的对策

高校考试管理是一个复杂的、相互制约的、相互促进的、封闭的、动态的管理体系。为此，对高校考试管理进行改革，必须坚持系统理论的观点与方法。

（一）推进考试观念的深层次转变

改变高校领导、教师、教学管理人员甚至学生对考试的认识，是推动高校考试管理改革的前提与基础。在此要着重强调的是，高校领导、教师和教学管理人员要在思想上真正认识到考试是一门科学，考试管理工作是一个系统工程，它关系到考试的成败，关系到人才培养的质量。要对考试进行研究和掌握，对其特点、运作规律以及控制的原理和方法有深刻的认识，才能保证课程考试的科学性和实效性。

（二）建立考试中心，完善考试管理规章制度

要使考试管理制度化和规范化，就必须成立和完善考试管理组织。考试是

一个系统工程，为了确保考试的顺利进行，加强对考试的管理，高校应当建立一个考试中心，对考试进行统一的管理。高校考试中心是综合性管理部门，其主要职责和任务主要如下。一是统一规划、组织和实施高校的课程考试。二是建立、完善考试管理规章制度并严格实施。课程考试的首要目标与作用是“育人”，是“促进人的发展”。要实现这一功能和目标，就要求高校考试管理要做到科学化、法治化。对科目考试的管理要有一套科学、合理和严密的规章制度，并且要严格执行。三是针对学校课程考试的实际和需要，开展课程考试的评估与研究。对所实施的课程考试进行组织分析、评价，并根据需要开展有针对性的研究，是提高课程考试质量，进而提高人才培养质量的一项重要工作。四是承担考试管理方面的人员培训。由于各科考试的监考人员一般都是临时的或兼职的，所以必须加强对他们的培训，学习《监考须知》《学生考试行为规范》《考试违规处罚条例》等相关内容，并要求其在每一次考试工作中都要保持高度的责任心。

（三）培养和建设高素质的考试管理队伍

高校考试管理工作要想真正发挥其作用，必须有一支优秀的考试管理团队。考试管理小组一般由如下三类小组组成。①科研小组。从实际工作中可以看出，在没有科学的考试理论作为指导的情况下，考试是不可能获得较好结果的。在考试管理的实际工作中，要有重点、有针对性地研究考试及考试管理的理论、技术、方法，这样才能使考试工作的决策更为科学化，充分发挥考试的功能，促进学校的发展。②行政小组。考试行政队伍与考试管理机关的各项职能活动能否顺利开展以及考试管理目标能否有效地实现有着直接的联系，它对提高考试的管理工作质量有着十分重要的作用。③业务小组。业务小组是随着考试的进行而出现的。业务组由命题小组、测试小组、评审小组组成。“兼职性”“非常设性”“专业性”是高校考试工作人员的基本特征。兼职性和非常设性是指其人员不是全职的（学校考试中心的工作人员除外），他们平时可能会在校机关、教学单位或学校的其他单位工作，只有在学校组织考试的时候才会成为考试管理人员。专业性指的是这个团队的成员要有一定的专业素质，即他们虽然没有以考试管理为职业，但都要对自己在考试管理中所从事的工作，所要掌握的理论、技术等专业知识和技能，具有很强的能力。

（四）实施科学的教考分离

教考分离是高校教育教学管理的一种新方法，是把教学和考试分开，把以前由任课教师自己命题、自己评分，变成了从标准试题库中筛选、组合成一份符合标准的卷子，或者由教务部门组织有更多教学经验的教师，按照大纲来命题，然后再组织考试，最后对卷子进行评分。实施教考分离，旨在提升考试的质量与水平，为评定学生的成绩、教师的教学评价、进行教学管理决策等提供科学的依据，从而推动教师在教学中对教学大纲的各种要求进行全面、系统的贯彻，推动学生端正学习态度和形成良好的学风，从而既推动教师的教，也推动学生的学。这充分体现了教师的主导作用和学生的主体作用相结合的教学原则，充分调动了师生的积极性。要在大学中真正实现教考分离，必须从以下四个方面着手。

1.加强宣传，统一思想

在推行教考分离的过程中，最重要的一项工作就是要加大对教考分离制度的宣传力度。从学校的上层、中层到普通教师，层层推动教育考试的发展，将所有的积极因素都调动起来，把大家的注意力都集中在培养合格的人才上，这样才能更好地推动教考分离制度的实施。

2.科学合理地安排实行教考分离的课程

从教学的整体效果来看，并不是所有的科目实行教考分离都是有好处的。比如，在文科方面，有些科目需要学生涉猎很广，但是如果把题目限制在指定的少数书籍中，就会对学生的能力产生不利影响。再如，在理科中，有些专业性较强、学习难度较大的后续课程，往往只有一两名教师对这些课程的内容了如指掌，因此对这样的课程推行教考分离是不现实的。为此，高校应在充分调研的基础上，科学、合理地设置教考分离的课程。

3.积极修订教学大纲，为课程实施教考分离创造前提条件

教考分离制度把“教”和“考”两种活动分开，如果没有课程大纲，就不能有效地组织教学，更不能有效地进行考试。为此，学校要积极组织力量进行课程改革，制订课程大纲，为教考分离提供必要条件。

4.建立高质量的题库，使教考分离更科学化

构建一个科学的题库，能够提供多种规格、多种水平和多种学科的试题，是实现教考分离的一项重要措施。使用试卷库的试卷，能够解决教师命题随意性等问题，在这方面进行改进，能够提高校内考试的质量和权威性。建立一个科学的题库和卷库不是一朝一夕的事情，这是一个需要多方力量共同努力的阶段性的综合性技术项目，同时也是一个需要专业技术人员对其不断充实、创新和完善的长

期系统工程。这些考题既要考虑学科性和专业性，又要适应高校学生的能力和高校教学水平的变化。

（五）考试方式多样化

高校应鼓励教师根据学科特色，选择不同类型的测试，并突出不同学科目标的测试重点。在国外，高校有超过20种的考试形式，比如，无人监考考试、论文、开卷考试、阶段测试、实验和实地考察、答辩、专题讨论、口头演示、同学评价、图片演示、设计、制图或模型、个人研究项目、小组研究项目、自评、基于计算机的评价、资料分析、书评、图书馆运用评估项目、课堂表现、作文、实习、社会实践笔记或日记、口试以及闭卷考试等。为保证测试结果的有效性，各种测试都配备了与之相适应的仪器与手段，这也是国外测试的一个显著特点。

高校考试的基本形式有如下7种：①闭卷考试。这是一种使用纸笔答题的考试方法，在这种方法中考生不得携带或查阅任何信息。②开卷考试。这是一种以笔试形式回答的测试方法，在测试过程中允许考生携带或查阅数据。这种方法按考生所能携带的材料及阅览范围的不同，可分为完全开放、部分开放、单页开放3种。③口语考试。这是考生用口头语言对问题作出答复的一种测验（答卷测验），在面试中经常使用。④对成果进行检验（设计、论文、报告、成品等）。这是应试者就某个特定问题或任务、项目，通过查阅资料、计算、绘图和制作等环节，用标准的方式作出书面表达或形成实物作品的一种考核方法。⑤实践操作考试。这是通过应试者的现场操作或具体的工作实践，对应试者所具有的从事某种工作的现有素质、技能与能力进行直接检测的一种方法，包括实务作业、样本操作和模拟操作等测试方式。⑥计算机及网上考试。这是一种直接用电脑回答问题的方法。⑦观察考核。这是在某一段时间内对某一学生进行观察，并对其进行评定的一种考试方式。

每种考试方式都有其自身的特点，单凭一种考试方式，不能全面地体现出学生对知识的综合运用的能力。因此，应当将其中几种方式进行组合，以达到取长补短的目的。这样既可以考查学生对知识的掌握程度，也可以考查学生运用所学知识解决实际问题的能力，从而使考核结果更加全面。也可以通过奖励，激励学生，并指导他们从多方面、多角度，运用多种方法，解决相同问题，培养和发展学生的创新思维能力。提高考试效度的一项重要措施是选择最佳的考试方式，采用适当的、灵活的考试方式，能够更好地调动学生的学习热情和自觉性，从而更好地巩固和深化所学的内容，做到举一反三、触类旁通，既能培养学生好的学习习惯，又能使他们在各方面都获得锻炼，从而达到育人的目的。改革考试方法，既要从各方面入手，又要以标准化的教育政策和条件为基础，尤其是要改革传统的教育管理体制。考试方法的选择，涉及教学观念、教学内容、教学方法、课程设置和教师等方面的问题。所以，改革考核方式，不仅要调动教师的积极性，而且需要各相关方面的积极配合与协作，这样才能取得较好的效果。

第五章　高校教学管理信息化研究

第一节　我国高校教学管理信息化的发展历程和发展趋势

一、我国高校教学管理信息化的发展历程

我国高校教学管理信息化从起步至今，经历了一个较长的历程，其发展既与现代信息技术的应用和发展密不可分，又与我国的高校教育自身息息相关。纵观我国高校教学管理信息化的发展历程，按照其使用需求和建设目标在不同时期的逐步发展，以及其核心的教学管理信息系统开发平台和应用环境的不同，我们可以将我国高校教学管理信息化的发展历程大致划分为如下几个主要阶段。

（一）以手工操作为主、单机软件处理为辅的教学管理阶段

20世纪90年代初期，我国高校的计算机软件和硬件资源相对不足，尤其是计算机网络资源严重不足。这一时期，我国高校在教学和管理方面，基本还停留在手工操作阶段。自从我国引进了Windows3.2中文版本的单机窗口操作系统以后，一些高校开始尝试利用Fox Pro、Paradox等平面文档数据库开发系统，来设计出一些具体的功能，比如对学生的成绩或者学籍进行管理。但是，由于存储数据的平面文件在操作系统层面上是有结构的，所以很容易导致数据丢失和泄露，也很容易遭到计算机病毒的破坏，因此不能满足大量数据处理和数据保密安全的需要。同时，单机的平面数据文件不能实现有效的数据共享和并发访问的处理，造成这些管理软件处理的信息是孤立的、单一的，在各部门的教学管理工作中，还需要投入大量的人力。因此，在这个阶段，大部分工作都是人工操作，需要一个单独的管理软件来辅助。

（二）基于单机处理和数据文件服务器共享相结合的教学管理阶段

20世纪90年代中期，随着计算机网络技术的迅速发展，微软的Windows NT、Novell的Net ware等一系列网络操作系统相继进入普及阶段，再加上 Windows95在单个用户上取得了巨大的成功，这些都极大地促进了高校从单一用户的教育管理方式转变为基于文件服务器的信息化管理方式。在教学管理工作中，高校各相关部门可以通过集线器或交换机等网络通信设备，将校内多个计算机联网，组成一个内部的计算机网络，在一定范围内实现了简单的数据交换和文件共享，这对校内教学管理信息化资源的共享和整合起到了一定的作用。在当时的计算机网络环境下，信息的交流和共享是以单一的数据文件共享的方式实现的，各管理部门只是将各自单机管理软件的一部分数据以一定类型的文件上传到文件服务器，供其他部门下载存取。各部门按照一定的数据格式进行数据的导入和导出，从形式上看，这是一种离线的、非实时的数据共享。然而，由于没有采用中央服务器集中存储、运行、管理统一数据库供各计算机终端访问，使教学管理信息资源的访问不顺畅，各部门的单机教学管理软件多数时候都是在提供数据格式转换的服务。另外，由于数据文件的离线和非实时性，导致各部门现有的数据和其他部门现有的数据在很大程度上不一致。

（三）基于Client/Server（客户端/服务器）架构的教学管理信息化阶段

20世纪90年代末至21世纪初，随着英特尔公司相继推出“奔腾3”和“奔腾4”两款处理器，开始了对PC和服务器的一次全方位的更新。此外，广泛使用Oracle、SQL Server、DB2等大型关系数据库管理系统，以及Delphi、Power Builder A Visual Studio等第三代可视化开发工具的强力推出，都为高校教学管理信息化全新架构平台开发提供了充足的技术支持，这就是当前在一些应用领域仍被广泛使用的Client/Server架构。该架构能够有效地实现用户和服务端的任务分配，降低了系统的总体开销，提高了网络的使用效率，充分发挥了两种不同的硬件平台的优势。将单机处理和数据文件服务器共享相结合的教学管理信息化处理模式，已经不能满足高校的正常教学管理环境，大多数高校都开始采用Client/Server架构的教学管理信息化建设。Client/Server架构整合了各教学管理部门的使用需求和目的，规划了教学管理信息系统要完成的主要功能，加强和突出了教学管理核心业务处理模块的功能实现，从而满足了教学管理各部门的使用需求，在教学管理信息化建设的道路上取得了前所未有的成功。不过，这个架构需要所有的计算机都安装一个客户端，客户端往往需要安装Oracle等大型数据库管理系统的客户端连接程序，加之该架构的终端连接数据一般不能太多，因此该架构的软件维护和管理成本很高，这就造成基于该架构的教学管理信息系统的服务对象比较少，要想提供更加广泛的信息化服务，其不足之处将非常明显。但是，基于Client/Server架构的教学管理信息系统的构建，在一定程度上推动了高校教学管理信息系统的建设。

（四）以浏览器/Web服务器（Browser/Web Server）架构为主、客户端/服务器（Client/Server）架构为辅的教学管理信息化阶段

Client/Server架构的广泛应用，对教学管理信息化的建设起到了很大的促进作用。然而，随着各高校办学规模的快速扩大，教学管理信息化要面对的服务对象规模越来越大，教学管理信息化建设的目的和需求也从实现管理职能向为师生提供更广泛的信息化服务转变。但是，基于Client/Server体系结构，需要所有进入的计算机都必须安装特定的客户端程序，所以，单纯依赖于Client/Server体系结构，很难为成千上万的教师和学生提供海量的教学信息服务。与此同时，在计算机产业中，互联网技术的兴起与发展也推动了Client/Server架构的变化与完善，从而产生了Browser/Web Server架构。在Browser /Web Server框架下，通常采用客户端、Web服务器和数据库服务器3个模块来组成一个教学管理信息系统。由于采用了J2EE、NET等新的Web开发技术，该体系结构中的大部分事务处理逻辑都被封装在Web服务器和数据库服务器端中，而一小部分事务处理逻辑则由Java Script等多种脚本语言封装在客户端中，客户端仅需通过Web浏览器这个新的用户界面，就可以实现许多原来需要通过客户端专用软件才能实现的功能。由于Windows、Linux、Mactonish OS等主流操作系统都集成了Web浏览器，因此，在Browser/Web Server架构下，客户对服务器的访问非常方便，只要是能够访问校园网的客户，都可以通过Web浏览器轻松地访问教学管理信息系统。如果对校园网的访问不受IP地址的限制，则任何一个Internet终端都可以随时访问教学管理信息系统，这样的信息服务范围无疑是非常广阔的，Browser /Web Server架构在这一点上的优势是非常明显的。但从目前的发展趋势来看，该架构仍有不足之处，特别是相对于Client/Server架构而言，其在处理大数据量、连续访问、业务逻辑复杂的摘要查询、复杂报表处理等方面明显落后。此外，由于该架构是以Internet为

基础，面向不知名用户群的，因此其在信息安全方面的可控性远不如Client/Server架构。而教学管理信息系统恰恰是在这几个方面都有着极高的要求。因此，当前主流的教学管理信息化建设是将两者的优势相结合，对外以Browser /Web Server架构为主要对象，为广大师生提供范围广阔的信息化交互服务；对内，以Client/Server架构为对象，实现集中的信息管理和维护。这两种架构的良好配合，为教学管理信息化建设提供了一个相对成熟的解决方案。

二、我国高校教学管理信息化的发展趋势

在现代教学管理发展趋势的推动下，特别是教学管理信息系统（TMIS）在高校教学管理中的全面应用，使高校教学管理信息化呈现出以下发展趋势。

（一）数字化

在教学管理工作中，由于上级指示、教学计划、教学效果、教师素质、教学质量等诸多方面存在着许多不完全数字化的数据，所以这些教学管理数据就需要一个数字化的过程，即把这些文字、图像和声音等物理信息转换成数字格式，输入、处理并传播出去。将存储在文件柜、卡片箱、笔记本里的教学管理文字信息转化成数字形式后，可以方便地进行归类、复制和存储。将教学管理数据数字化，一方面降低了信息的制作和存储费用，另一方面实现了信息的数字化。在校园网络中，用户不受时间和地点的限制，可以互相传送文件和指令，各功能部门也可以直接从中心数据库中提取自己需要的数据，从而加快了信息的传播速度，扩大了信息的共享范围，提高了信息的利用效率。

（二）网络化

现代信息技术的运用，为高校教学管理提供了一种新的途径。网络化的首要任务是建立一个基于Client/Server模式的教学管理网络平台，使学校的各教学单位、各教研室、教务处及相关职能部门的管理计算机，能够利用校园网和各用户的客户机，实现文件传输、资源共享、信息查询。另外，要建设一套校内网络，即每一所学校、每一种功能的计算机网络，将教师、学生、教学计划、考试、课程、招生等各种教学管理子系统结合在一起，实现各系统之间的信息交流与共享。网络还包括局域网、校园网以及整个 Internet的全面互联。教育管理人员能够与社会大众进行面对面的沟通，直接了解社会对人才的需要，并为高校学生提供就业指导。通过内部网、校园网和 Internet，高校的教学管理信息与社会信息

资源实现了高度的融合，高校教学管理成为一个对内相互联系、环环相扣，对外完全开放、超越时空的网络平台。

（三）智能化

现代教学管理信息系统将多媒体、人工智能、数据库等先进技术与计算机网络相结合，创建了一个智能化的教学管理环境。在结构设计上，信息系统基于人工智能技术中的搜索推理机制，利用数据库理论和方法，采用模块化的结构设计方法，对分布在各个教学管理环节上的信息进行实时、全面的处理。教学管理的每一个环节、每一项工作都是一个相对独立的体系，是各子系统之间转换、联系的界面。比如，在教学管理系统中，利用一套智能的模块化软件，可以实现课程安排和考试计划的自动生成。利用计算机中特定的高级语言，可模仿人的思维方式，通过一定的逻辑推理方式，智能地进行管理操作和决策。智能化使信息系统具有较强的协助评估与决策的能力。

（四）扁平化

传统的教育行政是一种权力、资源、信息等垂直配置的组织形态。随着各类教学管理信息系统、校园网等的广泛应用，教学管理信息的传输由传统的纵向垂直方式变成了互联网互联方式，从而精简了大量中间管理人员，教学管理的组织结构趋于扁平化。科层制的教学管理机构，因其内部分工太细、层级太多，容易产生“官本位”、官僚作风，从而造成教学管理效率低下，并且层级较多的机构内部有很强的惰性，信息的传播极易出现偏差，既不利于机构内部的学习，也不利于创新人才的发挥。教学管理信息系统具有快速、方便、互动的特点，可以扩大管理范围，并能充分调动基层教师的积极性，使他们有更大的发展和创新的空间。

（五）合作化

教育管理机关的成员，一开始都是遵循“分工出效率”的原则，即各司其职，而这些工作又被分配给了不同的教学管理机关以及各个教学管理机关的工作人员，从而形成了“一个萝卜一个坑”的局面。然而，当教学管理结构从垂直配置转变为扁平化的网络互联结构后，这种工作职能的专业分工已经不能满足管理的需求。教学管理结构通过分布在校园教学各个部门、各个院系的教学管理信息系统来支持，这就要求打破职位“牢笼”，从以教学和管理职能为中心，向以任务为中心的工作转移，形成由多个任务构成的“网络”，使各个部门之间的员工，从最初的“齿轮”变为“节点”，相互联系更加便捷、协调。教学管理信息系统是一种将各种教学管理工作集中在一起，使各岗位的教务人员相互协作的系统。

（六）虚拟化

利用教学管理信息系统的终端，可将许多日常的教学管理工作“虚拟化”，并将其作为一个独立于信息系统、计算机系统之外的独立单元。许多管理决策和工作，可以让教师在学校的任何地方甚至在校外，通过网络把它们送到需要的地方。在实现教学管理的过程中，不再需要固定的办公地点、固定的时间等庞大的实体结合，而是可以创造虚拟的办公空间，使高校教学管理呈现出虚拟化的状态。教学管理组织的虚拟化，本质上指的是教学管理组织内部的高度网络化，利用在校园网、互联网上的教学管理信息系统的终端，将教学管理与社会环境、教学管理者与师生直接联系在一起，使教学管理组织可以将更多的物理空间转换为数字信息，减少实体空间，从而提升学校教学管理的效率。这种虚拟的教学管理功能并不是固定的，它可以根据具体的需要进行调整，而且它的服务对象和时间都可以被扩充。

第二节　高校教学管理信息化建设的路径

一、加强信息化基础建设

信息化的教学管理一定要以校园网网络为基础，要做到以下几点。一要强化对已有网络的优化和更新，要解决制约网络速度的瓶颈问题。二要与电信公司加强交流，进一步协调，解决因网络接入而产生的各种问题。三要加大对网管人员的技术投入，加强网络管理的技术力量，保障网络访问、数据传输的顺畅、快速。四要定期对已有的网管人员进行分批进修，提高其业务素质，使其能够更好地为校园网的管理工作提供良好的服务。五是要统一规划和建设学校的信息资源，建设学校的“全校数据中心”，这是当前学校信息化的一个发展方向。建立一个数据中心，既能够实现资源的最优分配，又可以实现资源的统一管理与维护。六是在软件建设上，对教学管理信息系统的功能进行完善。将高校内的软件研究与技术资源进行整合，将“自主开发”和“技术引进”有机结合，综合运用各种方法，提高系统的智能性，以增强系统的决策支持能力。

二、完善信息化建设组织构建，突出顶层设计

任何一项重要工作的开展和推进，都需要一个良好的领导和组织体系。高校教学管理信息化建设是一项关系到学校教学和人才培养全局的系统性工程，需要全校各有关部门的通力合作，需要二级院系积极实施，广大的教学管理人员和教职工都能广泛地参与。而在教学管理信息化建设中，要将这些不同的部门、不同的人员有机地组织起来，形成一个能够有效地推进信息化建设的整体工作的网络，就必须突出顶层设计，建立一个比较健全的领导组织，作为指导教学管理信息化建设的领导核心，协调、处理教学管理信息化建设中的具体问题。教学管理信息化建设强调了在学校领导层面的顶层设计，是学校的决策意志的有力反映，确保了工作实施的重要性和权威性，减少了在各职能部门、二级院系、教学管理队伍和广大教职工中推广实施的阻力。一个完备的领导组织机构，能够很好地明确各职能部门、二级院系在教学管理信息化建设中所承担的角色和任务，确保该工作在职能部门、二级院系之间的横向、纵向协调；在运行机制上，可以避免在教学管理信息化建设的实施过程中，部门之间、院系之间的相互推诿。

三、加强宣传，促进广大教职员工广泛参与

教学管理信息化建设的最终目的是为高校教学管理人员、广大教职工和学生服务，要想取得较好的建设效果，不仅要有各职能部门和二级院系的积极合作，还要有广大基层教职工的广泛参与。高校应通过各种方式，加大对教学管理信息化建设重要性的宣传力度，引发广大教职员工对信息化建设的关注，并进行集思广益，及时回复广大教职员工对教学管理信息化建设的意见和建议，让广大教职员工真正感觉到学校对他们参与教学管理信息化建设的重视和尊重，从而让他们更愿意主动参与到教学管理信息化建设中来。高校要配合运用积极激励的引导政策，对在教学管理信息化建设过程中出现的优秀教师典型进行适当的激励和认可，并大力宣传优秀典型使用教学管理信息系统的良好感受。用以点带面的方式，让教职员工对教学管理信息化建设的目标有一个全面的认识，从而让他们能够积极地参与到教学管理信息化建设中来。同时，要充分关注教师对教育管理信息化过程中所提的意见和建议，并对其作出积极的反应。

四、缜密调研，创建合适的教学管理信息系统

在教学管理信息化建设的具体实施过程中，教学管理信息系统的创建是最为核心的一项基础性工作。一个科学、合理、先进的教学管理信息系统的创建，

是教学管理信息化建设取得良好成效的重要保证。创建教学管理信息系统是一个费时、费力的复杂过程，一定要对其进行仔细的调查、科学的规划，避免盲目地投入。一是要准确地梳理和科学地总结高校的办学定位、教学管理模式和管理流程，详细地统计分析高校的各项办学资源。二是在建立教学管理信息系统软件平台时，除了自主研发之外，外购商业软件系统要将其功能与学校的实际教学管理运行情况进行充分的对比和测试，宁可在前期的调研中花费更多的时间，也要尽量避免在购买后出现软件系统与学校的实际管理情况不相匹配的窘境。三是在建立教学管理信息系统的时候，一定要进行合理的规划。尽管不能事先预测到学校未来发展的具体情况，但是必须要对学校的办学规模、教学改革和教学管理流程调整的发展趋势进行全面的考虑和合理的规划。这样能够在一定程度上避免因为学校情况的改变，管理信息系统在短期内就要作出重大修改或重新创建所造成的巨大浪费，从而为维持教学管理信息系统在较长时间的稳定运行提供保障。

五、健全教学管理信息化相关配套制度

目前，国内一些高校在教学管理信息化建设中，花了大量的时间和精力来创造教学管理信息系统，但是必需的的配套制度却相对缺乏，导致信息系统的运行出现了不规范使用的不良现象，从而破坏了教学运行数据的真实性和有效性，也影响了教学管理信息系统的运行效果。所以，在进行教学管理信息化的同时，也要加强与之相适应的配套制度的完善。从教学管理信息系统运营的技术实现层面来看，要制定出一套标准的系统运营数据信息编码规则，确保教学运行数据处理的统一、规范，避免因为数据格式混乱、数据内容含义不清晰而对系统运营后期的数据统计分析造成影响。在教学管理信息系统运行的管理层次上，通过建立教学管理的各种配套制度，能够对教学管理信息的使用作出正确的规范和限制，确保教学管理信息系统的运行是规范、透明、公平的。建立起教学管理各种服务事项办事流程的规章制度，能方便有关服务信息的对外发布，并接受监督，从而推动教学管理信息化建设规范、有序、持续地顺利开展。

第六章　高校学生心理健康管理工作新探索

第一节　高校学生心理健康教育的内容与原则

高校学生在心理上常存在着一些困惑和问题，此时，心理健康教育可以向他们传授一些关于心理健康的知识，为他们解答生活、学习、交友、恋爱等问题，使他们能够进行自我调整，避免心理问题演变成心理疾病，从而促进他们的身心健康。

一、高校学生心理健康教育的内容

（一）对学生进行主动的调适

很多高校学生对自己的认识不足，没有一个明确的自我定位，不能很好地适应各种竞争。此时，就需要提示他们要做好充分的准备，尽早地融入高校的学习与生活中去，从而全方位地提升自己的综合素质。除此之外，还应该鼓励高校学生敢于剖析自我，了解自己的心理和生理，学会减轻自己的心理压力，使自己的心理一直处于一种积极健康的状态。

（二）培养学生的自觉意识

高校学生的自觉意识日益受到人们的关注和重视。自觉意识指的是一种对自己身心活动的觉察，也就是自己对自己的认识。它具体包含以下内容：认识自己的生理状态（如身高、体重、体态等）、心理特点（如兴趣、能力、气质、性格等）和自己与他人的关系（如自己与周围人相处的关系、自己在集体中的位置与作用等）。自觉意识的特征是：思想性、社会性、能动性和同一性。自觉意识由自我认知、自我体验和自我调节（或自我控制）三个子系统组成。高校学生应正确认识自己，客观评价自己，主动提高自己，重视自己的成长。人的个性是以自觉为核心的，对自己、对世界的认识、理解，都是从自觉出发的。有一种看法认为，人们能够正确地认识并接受自己，正是由于人们的心理状态非常健康，才能使现实与理想的自我达成一致。高校学生必须树立正确的自我认识，才能拥有健康的心理。

（三）开展心理辅导

高校学生的专业技术、知识、个性、心理素质等都要在学习中得到提高。在对高校学生的心理学习进行指导的时候，要向他们解释生理机制、心理机制以及在学习过程中所产生的心理，使他们能够以正确的方式完成大学的学习和生活，不断充实自己的知识结构，保持端正积极的学习态度，具有良好的学习动机。对高校学生进行科学系统的心理辅导，可以增强其自信，以便提高其学业成绩。

（四）情商的培养

情商是一个人对自己或别人的情感进行了解和调整的能力。在情商的培养中，高校学生应注意感受和理解情绪，做到情绪的自我控制，并能及时调节自己的情绪。情绪对人的心理健康、心理承受能力、交流能力等都有很大的影响。高校学生的情绪易出现波动，会对其生活造成消极影响。对此，高校要采取有针对性的对策，及时调整学生的情绪，使学生保持心理健康、个性健全发展。

（五）社交技能的培养

社交技能的培养可以使高校学生能够快速适应新的环境，在将来能够顺利地进行工作。在进行社交技能教学的时候，教师可以向学生解释一些基本的社交技巧和常识，用情境再现的方法来展示社交的艺术，让学生能够很好地去适应社交，并且可以自己去面对各种各样的人际关系，与更多的人展开交流和沟通。

（六）意志品质的培养

意志力教育的目标是让学生认识到意志所能起到的作用和重要性，使学生在遇到困难时不畏惧，在困境中能够调节自己的心态，增强自己的心理素质。通过对高校学生进行意志力的培养，可使他们能够不畏艰险，勇于追求自己的人生目标。

二、高校学生心理健康教育的原则

（一）教育性原则

教育性原则是指教育者在进行心理健康教育的过程中，根据具体情况经认真分析后，应让高校学生保持积极向上的心态和拼搏进取的精神，树立正确的人生观和价值观。社会主义精神文明建设与高校学生的心理健康教育有着密切的联系，它体现了高校学生的进步和时代特征。在高校学生的日常学习和生活中，由于矛盾所引起的各种心理问题，会引起一些错误的行为和观点，这时教育者应该聆听他们的苦衷，对这些错误的思想和观点进行全面的分析，使其能够从正确的视角来看待问题，能够正确地辨别对错，打破固有的思维模式。这样能够使高校学生摆脱心理问题，保持一个积极健康的心态。

（二）全体性原则

高校学生心理健康管理工作的开展，目的是为高校学生提供更好的服务。在教育规划中，要以满足大多数人的需求为出发点，以确保所有人的身心健康为最终目标。目前，高校心理健康教育的主要对象是全体学生，高校在开展工作时，不能像医院服务于个体一样，而应该站在全体学生的立场上，告知学生心理在健康与不健康时的具体情况，使学生具备一定的抗压能力，并学会自己缓解压力。当心理出现波动时，学生可以及时地进行自我调整；当心理上出现无法自己解决的问题时，要及时寻求别人的帮助。为此，高校应根据高校学生的需要，进行各种活动的设计，使每个活动都能为高校学生提供切实的帮助。在高校中，以活动为载体，充分发挥心理健康教育的引导作用，使学生心理实现全面、均衡的发展，这就是高校心理健康教育的目的。

（三）正面性原则

在对高校学生进行心理健康教育、引导时，应尽可能采用典型、积极的事例，避免使用讽刺、嘲讽的言语。教育的场合、时间和受教育者的水平等都是不可忽视的要素。要想最大限度地发挥正面教育的功能，就必须要有客观的、谨慎的、尊重事实的、有针对性的引导，不然对高校学生的心理健康是不利的。

（四）个性化原则

每位高校学生都是具有鲜明个性和差异的个体。在心理健康工作中，不能忽略学生之间的差异，他们每个人的需求不一样，所处的心理发展阶段也不一样。

学生的来源各不相同，他们的年龄、年级各不相同，他们的家庭生活环境、社会背景使他们的性格也各不相同，在做心理健康教育工作的时候，教育者要认识到这些差别，对每个学生都要有详细的了解，并对每个学生一视同仁。对于他们在不同时期遇到的心理问题，教育者要灵活地处理，使心理健康教育更加具有针对性，从而使工作效果更好。

（五）保密性原则

高校心理健康工作者在开展工作时，要对学生的病历和个人隐私进行严格的保密。要竭尽所能地保护访客的权益，未经访客允许，不得将访客的资料泄露给其他访客，并在日常工作中严格保密。无论是心理健康教育还是心理健康咨询，都要坚持保密性原则，以保证后续的心理健康教育工作顺利进行，从而快速有效地完成既定的工作目标。

第二节　高校学生心理健康教育的方法与途径

一、高校学生心理健康教育的方法

（一）知识传授法

对高校学生进行系统、全面的心理健康知识教育，是一种便捷、有效的方法。在对高校学生的综合心理素质进行提升的过程中，可以通过专家讲座、专题报告以及课堂教学等方式，也可以通过多媒体播放相关影音资料、组织学生进行小组学习等方式。对高校学生进行心理健康教育的方法应该是多种多样的，不能太过单一，可以将真实情景演绎、真实的心理案例、自我心理测评和分析等多种形式融合到教学中，营造出一种轻松愉悦的教学氛围，让学生能够学到相关知识，进而可以对自身的心理进行调整，对自己的心理形成正确的认识，使心理得到更全面、更健康的发展。

（二）学科渗透法

心理健康教育不能采用传统的“填鸭式”教学，应按照心理健康教育的特点，将其分解，并逐渐融入日常的教学中。虽然每一门课程的教学内容和方法都不一样，但是在学习过程中所发生的心理活动却是大同小异。将心理健康教育纳入课堂教学中，可以使学生在无意识中受到心理健康教育。

（三）活动训练法

为促进高校学生的心理健康，应采取多种活动形式，积极引导高校学生积极参与心理健康教育。这种活动有较强的针对性，应注意方法要恰当，要让大多数学生都能接受。这些活动训练可以让学生了解到群体合作对达成团队目标的重要性，提高学生对集体活动的参与意识和责任感，还可以让学生更好地了解自己的潜力，提升自己的自信心，改善自己的人际关系。在进行活动训练之后，学生还可以把活动的经验融入平时的学习和生活中，促进他们的健康发展。

（四）磨砺锻炼法

磨砺锻炼法应该以个体为中心进行方案设计，教师在为学生制定具体目标之后，应该引导他们对自己有更充分的认识，在面对挑战时要充满自信。这样才能使学生的意志更强、更乐观，对学生的全面发展起到促进作用。总之，这是一个能使人的精神状态更好的练习，但是必须建立在自己的意识、理念和意志之上。通过这种活动，能够增强学生的意志，使学生能够有一个更健康、更成熟的心理。

（五）榜样示范法

当进行心理健康教育时，教师可以为学生设定一个基本目标，然后选择一些在学生身边发生的有代表性的成功案例与他们分享，让学生受到启发并主动提高自我意识。这一方法的重点是，教师所选取的案例要有指导性，必须是实际发生过的事情。在教师的引导下，学生对案例有了更深层次的认识，并从中得到启发，从而能够自觉地提升自己，不断地进行自我调节。

（六）心理咨询法

心理咨询法服务的目标不再是全体学生，而是个别的学生个体，是教师与这些个体进行一对一的沟通，这样能够极大地减轻学生的心理压力。平时教师的指导、答疑是必要的，但最重要的还是解决困难。在咨询过程中，教师要注意自己的言行举止，尊重学生，了解并保护他们的隐私，与他们平等交流，对他们要有耐心。教学方式要灵活多样，面谈、电话、网络以及书信等都是进行心理辅导的方法，其中面谈是最常采用的。教师先检查和判别学生个体的心理和行为，再对发现的问题进行分析和诊断，然后进行干预治疗，最后进行评估。能够进行心理咨询的教师，必须事先接受过专业培训，具有较高的专业水平，具有一定的实践经验。

二、高校学生心理健康教育的途径

提高高校学生的心理素质，是当前高校教育工作中的一项重要内容。高校学生的心理健康教育涉及许多方面，任何一项影响因素都不能被忽视。高校学生的心理健康教育工作需要社会、教师、家长、学生个体等多方面的配合，才能发挥其应有的作用。

（一）充分发挥家庭在大学生心理健康教育中的重要作用

家庭因素在人的成长过程中起着非常重要的作用，孩童首先从家庭环境中，也就是父母的言谈举止开始认识客观事物，高校学生在很大程度上所受到的影响来源于父母的言谈举止以及他们在进入高校之前的自身环境。高校学生在求学阶段，其重要的精神寄托及经济支柱就是家庭。家庭不仅会对高校学生的世界观、人生观、价值观产生影响，还会对其创业或择业产生影响。要做好高校学生的心理健康教育工作，必须要有家长和学校的积极合作。

（二）对高校学生进行正面的心理疏导，以促进高校学生的心理健康

当前，在高校心理健康教育工作中，通常采用的是心理咨询和心理辅导。诊断学生的心理症状和消除他们的心理疑惑，是高校心理咨询和心理辅导的重点。由于一些学生的心理承受力不强，因此心理咨询和心理辅导只能满足他们当下的心理需求，而当他们面临新的问题时，还是要依赖于心理咨询和心理辅导。从积极心理学的角度来看，要使心理预防真正起到作用，就不能只注重个体所存在的缺点或缺陷，必须更多地挖掘个体自身的积极力量，调整个体心理的平衡，其目的是治疗心理障碍与疾病，并预防心理问题。因此，积极心理学在指导人们寻求积极意义的时候，可以从两个角度出发：一是找出自己产生问题的根源；二是形成对正向个人经验的认识。要从问题本身出发，激发个人的正向动力，以此为基础，对负面问题进行排解。在对大学生进行心理健康教育时，可采用主动的心理辅导、心理咨询等方法，以促进大学生对心理健康的认知与自我教育。与学生更好地交流，并以此来激发他们的认知能力，使他们对问题的形成有积极的认识，通过积极的力量消除心理阴影，保持良好的心态；帮助学生挖掘自身的潜能，促进有心理问题的学生的自我实现和自我恢复。

（三）建立高校学生心理健康自助体系

高校学生心理健康自助体系的构建可以增强学生对心理健康问题的认知，传播心理知识，树立正确的人生观，积极应对心理健康问题。构建起一套良性的高校学生心理健康自助系统，具体方法有三种。一是由高校的学生团委或工作部成立高校的学生心理健康或者心理咨询中心教研室，并在其指导下成立高校学生心理健康教育的学生组织，从而对全校的学生进行心理健康教育活动。二是每个学院都成立学生心理部，由学生会根据学院的专业特点，组织和开展与学生心理健康有关的活动，如心理沙龙等。三是以班级为单位，建立一个有爱心、有良好心理素质的团体，这个团体是由辅导员挑选出来的，也是由学生自愿参加的，这样既可以给学生带来温暖，又可以把他们的心理问题及时地反馈给辅导员，还可以向各个院系、高校的心理咨询中心报告一些有心理问题的学生，从而可以做到对他们进行早期的干预、早期的发现，帮助他们更好地成长。

（四）对高校学生进行心理健康教育课

开设心理健康教育课程是高校开展心理健康教育的一条重要途径，而将心理健康教育融入高校教学方针中是保证其有效性和科学性的最好办法。由于当前心理健康教育课程体系尚不健全，因此并没有真正融入高校的课程中。目前高校心理健康教育主要是以讲座、心理咨询和选修课等方式进行的。

（五）建立一支专、兼职的心理健康教育工作队伍

每一所高校都要根据自己的需要，建立一个专门的学生指导机构和心理咨询机构，按照一定的比例来分配心理咨询人员，然后建立一支高水平的专、兼职心理健康教育工作队伍，并定期对他们进行心理指导或咨询。高校学生心理健康教育工作具有很强的专业性，其工作队伍必须要有较高的心理健康教育专业素质。

（六）创建优秀的校园文化，促进学生心理的健康发展

优秀的校园文化，是全校师生进行自我教育、自我提高、自我约束的一种无形力量，它还能促进学生的心理健康。良好的校园环境，不仅是培养高素质、高技术人才的需要，也是学校发展的需要。为此，高校必须提高校园文化的品位，充实校园文化的内涵，以满足高校学生的心理健康教育需求。第一，要创造良好的校园文化氛围。良好的校园环境，对学生的身心健康和人格品质的培养是有益的；有利于学生情绪的稳定，可以发泄内心的负面情绪；可以净化学生心灵、

美化人品，促进身心的健康发展，优化学习环境。对于高校而言，要对校园进行精心的规划、统一的布局，对校园进行精心的改造，保持校园的高雅、宁静及优美，努力让校园的每一个角落都充斥着一种健康的氛围，从而使学生的身心健康始终保持着一种积极的状态。第二，要有丰富的校园文化生活。丰富多彩的校园文化活动是具有生命力及征服力的活教材，是一种可以实现学生心理健康教育的有效形式，还可以对学生的理想信仰、心理素质和精神面貌进行培养。为了更好地开展学生心理健康教育工作，高校必须对校园文化活动有一个正确的认识。要将心理健康教育自觉地融入校园文化活动中，以学生的心理需求为切入点，加强学风、班风、校风的建设；在内容和形式上也要考虑到学生的心理需求，具有针对性、可比性和教育性，确保心理健康教育的效果。一般而言，校园文化活动能得到高校学生的正面回应，为大多数高校学生所接受。在活动过程中，要努力营造团结互助、积极向上的氛围。只有这样，学生才能团结互助，并产生积极的自我展示和公平竞争的意识，体会到成功的喜悦和生活的乐趣，从而在潜移默化中形成健康的心理。

第七章　高校学生自我管理工作新探索

第一节　高校学生的时间管理

一、认识时间管理

（一）时间管理的概念

1.时间管理的含义

时间管理，是指在消耗同等时间的情况下，为提升利用率和提高有效性而开展的体系化的控制工作，是基于个体在社会生产中所处的不同地位而赋予自身的一种内在管理素质。时间管理的目的是让个体从被动随意地打发时间，转变为合理主动地分配时间，形成高效能的、富有创造性的体力或脑力劳动。可以说，时间管理是高校学生需要学习的一门技巧，是决定高校学生成功与否的主要因素。

2.时间管理的内容

时间管理涉及一系列的控制过程，以此实现预期的目标。其内容具体包括：提高珍惜时间的意识和观念；选定目标、制订计划以及建立时间消耗的标准；通过多种方法合理消费时间，尽可能形成时间结余；评估时间的利用率；对时间消耗进行经验总结，分析浪费时间的原因；通过科学系统的方法定量控制时间，改变时间浪费现象等。

3.时间管理的本质

时间管理就是对自己进行时间管理的一种方式。换言之，个人时间管理的能力，不仅与他所掌握的知识和技能有关系，更与他的价值观念、品质、态度等有关系，它强调的是人、人的价值观和人生过程之间的密切联系。但是，从高校学生的主体存在性和实践性的角度来看，高校学生的时间管理体现的是他们的学习生活方向以及行为秩序和规律的构架，其实质是一个个体对自身成长空间的把握程度。

（二）时间管理的七个步骤

1.设立明确的价值观及终极目标

奋斗目标是获得成功的动力，它会决定前进的方向。可把终身想要达到的成就和目标写出来，以此为核心设立多个方面的终极明确目标。

2.确定阶段性明确目标并逐级分解

将大目标进行详细的量化，并将其分解成可实施的行动计划，将大目标从高到低进行一步步分解，再根据时间从未来倒推到现在，让自己明白自己现在要做的事情：即时行动←更小的目标←小目标←大目标。首先，按照每个目标达到的情况，把它分解成若干个长远目标；其次，按照长期目标的实现条件，将其分解为几个中期目标；再次，将中期目标分解为几个短期目标；复次，将每个短期目标分解为几个具体的短期目标；最后，将每一个具体的短期目标分解为几个具体的当前要做的事情。

3.把阶段性目标按优先级排序

在一年中列出4~10项短期目标，并按其重要程度排序。将年目标细分为每月目标，按轻重缓急排序；将每月目标分解为每周目标，将每周目标分解为每日目标，再根据每日目标，按照工作的轻重缓急，制订具体的工作计划。

4.明确实现各目标所需完成的任务

通盘考虑写下想达到的目标，然后从目标出发逐步反推出实现各项目标所需完成的各项关键任务。

5.对任务按优先级排序

将需要完成的工作按照轻重缓急排序。把重要和紧迫的事情排出先后顺序，把那些不太紧迫的事情留到有效率、有大量的私人时间的时候来处理。减少或推迟、放弃那些无关紧要的工作。在处理不同时间点的事情时，需要根据自己的价值观作出选择。

6.按优先级安排执行时间表

按照每项工作的重要性以及每项工作所需要付出的与其重要性相对应的努力，对每项工作所需要的时间进行合理的分配。每一个任务，都有一个清晰的时间表，然后是每周、每月、每年的时间表。根据工作效率与外部干扰，给闲暇时间打分。然后，将那些具有高优先级的工作安排在具有高分数的时间周期内。

7.反思计划并立即执行，决不拖延

根据下面的准则，一个一个地审查和修正你的计划：那些目标是否真的有用？日程安排中有没有一些事情是完全不必要的？你抛弃了什么，原因是什么？事情是按照轻重缓急顺序排列的吗？什么是最重要的？哪些目标目前是不可能达到的，其原因又是什么？对于有截止日期的工作，在截止日期上有充足的时间吗？是否对实施该计划感兴趣？综合以上的反映，再制定一个时间表。

二、高校学生时间管理的现状

认清与分析当前高校学生时间管理的现状是高校的重要任务之一，可为高校人才培养明确方向，形成系统的教学方式，从而进一步提高高校学生的认知和应用能力。

（一）高校学生时间管理面临的困境

1.人文教育有待提高

高校教育的大众化使得在校人数剧增，为促进学生就业，就业率变成了主管部门考核高校质量的硬指标。因此以市场为导向就成了诸多高校的办学方向，着重服务社会经济发展，在市场对人才技能的要求上采取迎合的态度，轻视人文素养类课程设置，同时又对专业课程、实验课程与实践课程设置过度重视。然而，对自然的观察、对社会的实践以及对生命的体验三个方面，却是时间观念形成的基础。由此，高校应增设人文类课程，提升学生人文素养，促使其对生命形成全面而正确的认识与理解，并对生命的价值和意义进行积极思考。

2.高校教育资源不足

作为保证课堂教学质量的重要因素之一，纪律对学生课堂时间管理的有效性发挥着重要的作用。课堂上，教师在传播知识的同时，还要进行教学管理，由于受教育资源所限，不能对课堂内的每个学生进行实时监控，因而出现教管边缘区，区内的学生学习时间的有效性降低。大班化教学模式在高校课堂较为普遍，不可否认这种模式有它的高效性，能够使知识迅速传播，但缺陷是教师占据主导，对是否顺利完成教学任务关注较多，而对学生的理解思考程度关注较少。

3.高校学生长期的被动约束

高校科层制管理模式长期固定不变，在管理层间沟通的及时性和必要性不足的情况下，二级部门致力于完成高校下达的各项任务指标，在一定程度上抑制了学生管理自身的活力。辅导员的主要精力是管理学生干部，通过学生干部联系小组长，小组长联系全体同学，促使辅导员、学生干部、学生形成小型“金字塔”，结成上下级网络关系。另外，任课教师更多扮演着知识传递者的角色，而学生只是接受者，两者之间缺少相互交流的时间与机会，教师对学生在时间管理上的帮助也不明显。

（二）高校学生时间管理出现困境的原因

1.客观原因

（1）现代新媒体。现代的高校学生几乎人手一部智能手机或掌上移动设备，是互联网的主要使用人群之一。网络、智能设备为高校学生提供了快捷的学习方式，也带来了诱惑，严重影响其时间管理。

（2）家庭教养方式。父母教养方式是父母的教养观念、行为及其对子女情感表现的一种组合形式。父母的爱和理解让子女体会到温暖，产生信任感，有助于养成良好的学习习惯，学会正确支配时间，设定目标并合理安排时间，最终形成正向的时间价值感和监控观；相反，父母的不当时间管理理念也会传达给子女。

（3）性别、年级和专业不同。不同性别、年级的高校学生的时间管理倾向存在差异。一般情况下，女性高校学生的时间管理倾向水平要高于男性高校学生；高年级高校学生的时间管理倾向水平要高于低年级高校学生。但对于应届毕业生，由于面临就业、考研的压力，会对时间、职业目标等进行管理规划，表现出较高的时间管理水平。另外，不同专业的高校学生在时间价值感方面存在差异，理工科学生要明显高于文科学生。

（4）学校氛围。不同院校学生在学习能力、学习动机、学习主动性上存在着一定差异，其中学校的学习氛围是主要影响因素之一，学习氛围直接影响学生对时间的管理和利用。

2.主观原因

学生升入高校后会有适应的过程，学生的个体差异在某种程度上决定了他们不同的适应能力，也对其时间管理的能力产生了不同程度的影响。

（1）心理健康。心理健康即正常的心理状态，是指精神、活动正常，心理素质较好。时间管理倾向是影响高校学生的心理健康和生活质量的因素之一，高校学生时间管理的能力越强，其体验到的焦虑情绪就越少。个体主观幸福感的积极情绪越高，消极情绪越少，时间价值感、监控观和效能感就会越高。

（2）完美主义。完美主义是一种人格特质，是个体设立过高的标准，并根据目标的实现与否来评价自己的倾向。消极的完美主义者总是希望把任何事情都做得无可挑剔，在没有把握成功完成某项任务之前，迟迟无法开展行动，一拖再拖。因此，完美主义往往造成结果与期望的巨大落差，影响了高校学生的心理健康。

（3）自立人格。自立人格为在社会背景下个体在自己解决关于基本生存与发展问题中所形成涉及个人、人际的特质，主要表现为独立性、主动性、责任性、开放性和灵活性等。自立人格对个体的行为起着重要作用，自立人格水平对高校学生时间管理的优先级、反馈性、时间分配和行为效能预测力最强，个人主动和个人责任维度对高校学生时间管理倾向的预测作用最显著。

三、高校学生时间管理策略

（一）时间统筹策略

要采取行动，首先需要知道如何行动，即需要明确什么时间该做什么。那么在一天24小时的有限时间里，我们应采取哪些策略才能更加合理地统筹时间和任务，从而最高效率地达成目标呢？

1.整理分类，抓住条理

经常听到身边不少同学抱怨说："我实在太忙了，既要上课，按时完成作业，又要参加社团活动，准备各类比赛，同时作为学生干部，还要协助教师完成许多事务性工作。我每天早出晚归的，还是感觉时间不够用！"每天那么多的事情、那么少的时间，让很多人不得不发出"时间永远不够用，事情永远做不完"的感叹，那么，怎么才能把事情做完呢？这就需要我们在执行之前，将待做的事情进行分类整理，以便于我们抓住条理、有条不紊地完成它们。我们可能都有这种体验，某件我们一再提醒自己不要忘了完成的事情，却在某个应该完成的时间或地点被彻底遗忘。因此，我们首先需要尽可能地搜索、收集信息，如什么时候完成作业、什么时候参加社团活动、什么时候开会等，然后将这些信息从脑海中拿出来，或是存储在电脑、手机中，或是记录在纸上。这样，　方面可以将大脑从存储信息的工作中解脱出来，让它可以专心思考；另一方面可以方便我们随时随地查看。信息收集完成之后，就需要对信息进行整理分类了，否则杂乱无章的一堆信息在使用的时候同样存在找不到的风险。在整理信息时，我们首先需要对收集的信息进行分析、辨别和分类，从而将待完成的工作分为A、B、C、D四类。其次，分类完成之后，还需要将每一件事情适合完成的时间、地点标注进去。这样，每件事情的重要程度、完成次序就一目了然，在适当的时间和地点，我们就可以找出相应需要完成的任务了。最后，完成了分类整理后，排定工作清单。排定工作清单可以从以下角度来进行。

（1）从时间的角度。比如，有两个小时的空闲时间，那么就从上一步分类整理之后的“收集箱”里找出哪些事情是需要这么长时间完成的，把它安排在相应的时间。再如，午休有一个小时，吃饭用了半个小时，剩下的半个小时可以查看“收集箱”，看看还能安排什么工作，是温习上午的功课或是预习下午的功课。

（2）从地点的角度。很多事情都需要在特定的地点才能完成，所以为了节省时间、提高效率，要尽可能将完成地点相近的事情安排在一起。比如，我们要到超市购买日用品，那么就可以看看待办的事情里有没有在超市附近能够完成的，如到超市附近的银行取钱，或是到超市附近的快递中心取快递等。

（3）从事项本身的角度。如前文所述，根据事情重要、紧急的程度，可以将待办事项划分为几类。从事项本身的角度，当A类既重要又紧急的事情出现时，其他所有的因素和事项的安排都要以完成此A类事项为前提。比如，下午要参加团日活动答辩，那么就需要复印资料、做PPT、准备服装等，日程安排就需要紧紧围绕答辩来进行，其他工作都需要暂时延后安排。

值得一提的是，在此过程中必须注意一个原则，即“两分钟原则”：如果完成一件事情所需的时间不超过两分钟，那么不管它是哪个分类的事情，都马上去完成它。这是因为，从我们思考一件事情是否需要处理到正式作出决定，这一过程所耗费的时间差不多就是两分钟。因此，在遇到突发状况时，不妨花一秒钟去作个评估，如果两分钟之内能解决的，不要犹豫，马上解决；如果两分钟之内解决不了的，暂时停顿放一下。一秒钟之后，要么解决突发状况，要么立即回到正在做的事情中。两分钟解决问题之后，同样如此。此外，在实际生活中你会发现，有些事情是需要委托他人协助完成的，有些事情暂时只能处理到一定程度，还有些事情在短时间内无法确定完成日期，因此清单还需要进一步补充，即等待处理清单、下一步行动清单、将来处理清单等。最后，还需要注意的是，每天处在不停变化的生活当中，接收的信息、需要完成的任务都是在不断变化的，所以还需定时回顾，把“收集箱”里已经完成的任务删掉，把新的工作加进去，再重新排定工作清单。如此安排后，到了执行的环节，之前花费在分类整理上的时间并没有浪费，一切都变得井然有序、快速便捷，时间就这样被高效地利用起来了。

2.多管齐下，统筹分配时间

一天24个小时，不多也不少，每个人都一样，但是实际利用起来，却有着天壤之别。有的人作出了巨大的成绩，有的人却碌碌无为，一事无成。很多人想不明白，为什么有些人可以将一天24小时变成48小时。其实很简单，他们只是懂得统筹利用时间而已。每个人的时间都是有限的，时间统筹就是要多管齐下，合理地统筹每一分钟、每一件事，让我们在有限的时间里能够做更多的事，让时间变得更有效率。简单地说，时间统筹就是在同一时间段里，尽可能安排多项工作同时进行，而不是逐一而为。时间统筹并不意味着分散精力，它是一种更加合理安排工作进程的数学方法。例如，中学教材中的统筹方法：我们想泡壶茶来喝，茶叶是现成的，但是没有开水，水壶、茶壶、茶杯都还没洗，怎么办？最节省时间的做法是洗好水壶开始烧水，在等待水开的同时洗茶壶、洗茶杯、准备好茶叶，水烧开了泡茶喝。这就是统筹思维，用一种极理性的态度对待自己的时间。当然，泡茶喝只是小事，却可以引申出其他学习方法。例如，要求用1天时间来完成暑期社会实践项目申报书，其中查阅相关文献资料需要2小时，找3个队友确定调研路线、安排日程需要2个小时，3个队友各需提前准备1小时，找另外2个队友制定调查问卷和访谈提纲各需3个小时，草拟申报书需4个小时，如果这些事情逐一完成的话，共需2+2+1+1+3+3+4=16个小时。1天的时间，除非通宵熬夜，否则是不可能完成的。但是如果运用统筹的思维，就可以找到一个多管齐下的办法：早上8点钟通知2个队友制定调查问卷和访谈提纲，同时通知其他了解情况的3个队友做好准备；8点至10点钟查阅相关资料；10点钟开始向3个队友了解情况、确定调研路线；12点钟之前所有准备工作就绪，对2个队友制定的调查问卷和访谈提纲进行审查、调整；12点至下午1点钟午休；下午1点至4点起草项目申报书。这样，1天时间完成项目申报书就绰绰有余了，这就是时间统筹的魅力！由此可见，时间统筹能够有效地减少那些无谓的时间消耗，将其延伸到学习、工作、生活的方方面面，在计划与协调之间合理地分配时间，可让时间无限增值。

3.尊重自己的生物节律

世界上万事万物都有其自身的节律，就像春季播种、秋季收获一样，凡事都须尊重事物的自然节律。人也是一样。一般情况下人的生物节律是这样的：从午夜到翌日清晨，是体能的静止时间，正常来说就是睡眠时间，所以效能是低于平均值的；从早上8点开始，精力逐渐充沛，注意力逐渐集中，效率也直线上升；到了上午10点钟左右到达高峰，随后开始下降；午饭过后，从下午一两点钟开始又会有所提升，但提升的速度和幅度均不如早上；到了下午4点，上升的速度会更加缓慢；下午6点开始徐徐下降，但在晚饭之后又会有所提升。因此，对于大多数人来说，任何需要单独、集中和创造性思维的任务最好放在上午10点钟之前做。当然，正如世界上千千万万的钟摆所发出的嘀嗒声都是各不相同的，每一个人也都拥有自己独特的生理节律。概括地说，根据一天中的能量变化，人可以分为三种类型："百灵鸟型"，这种类型的人总是以充沛的精力迎接升起的太阳，到了晚上就开始萎靡不振；"猫头鹰型"，这种类型的人早晨总是昏昏欲睡，一到晚上就精神抖擞，变得活跃起来；"家禽型"，这种类型的人一整天精力状态都差不多，不会有太大的起伏。通过长期的学习、工作，人们可以推断自身的生物节律。了解了自己的生物节律之后，就应该据此更加合理地安排学习、工作和生活。

（1）根据每天的效率起伏情况合理分配时间和任务。就是说，最重要、最难以处理、最需要创造性思维的事情，应当安排在每天精力最充沛、头脑最灵活、效率最高的黄金时间来做；同时，在这一时段要尽量避免自己受到打扰。在低潮时，可以做些简单的事，比如收发邮件、接打不重要的电话或是看看新闻。

（2）学习或工作中间适当地休息。对于大多数人来说，学习或是工作时间越久，越容易疲劳，结果就会降低效率。非常愚蠢的做法是持续学习或工作，中途不作任何休息，这样会消耗精力，增加身体和精神的压力，错误也会频繁出现。因此，继续学习或工作之前稍微休息一下，这样会更有效率。

（3）养成良好的生活习惯，保证健康的体魄，保持心境开朗，不抽烟，不喝酒，不要过度劳累，保证适量的休息和睡眠，多做运动，形成良好的饮食习惯，注意均衡营养。拥有一个健康的体魄，才能保证时间的有效利用。

（二）时间拖延管理

一个人如果想要达成目标，追求事业的成功，就必须克服拖延，立即行动。

1.认识拖延问题

拖延，英文称之为procrastination，不同于delay（延迟）。两者的结果都是任务暂时无法完成，但后者多是由于客观原因导致的工作推后，前者则是由于主观原因导致的延误耽搁。拖延是一种很普遍的浪费时间的行为，且总有一大堆不合理的借口。例如，这件事我还没有想好，现在就去做，结果只会是错的；离最后期限还早呢，等等再说吧；或许过上一阵子，老师会忘记这件事；现在开始已经为时过晚；我要等到有心情的时候再去做，效率会高一些；前阵子那么拼命地学习，休息一下也没关系吧！那么，你是一个有拖延症的人吗？对照下列大多数拖延症患者的行为模式，你是否也有相同的习惯呢？总是先做容易做的事；总是先做自己熟练的事；总是先做自己喜欢做的事；总是先做用时较短的事；总是先做有趣的事；总是先做紧急但不重要的事；总是先做对自己有利的事；总是先做能够预见成果的事；总是先处理琐碎的事；总是先应付别人的要求；处理事情的优先次序，是根据谁人交托来决定；直到最后期限迫近，才不得不开始工作。把上述问题认为“是”的圈出来，便可找出你倾向拖延的原因。

2.了解拖延的原因

心理学家认为拖延是一种心理病症。心理学上关于拖延成因的理论大致有三种。特质论：拖延受个体特质焦虑、尽责性、低自我效能感等个性根源的影响，是个性特质的反映；动机论：个体行为受期望水准、完美主义定向、失败恐惧、自律需求等因素的影响，拖延与否取决于个体行动的动机；调节论：个体不能很好地协调个性、认知、动机与情境因素，拖延是自我调节失败的产物。简单地说，拖延的原因大致可以分为以下几种。

（1）个性懒惰。懒惰的人总是把休闲和娱乐放在第一位，他们在接到新的任务时，从来不会立刻着手解决，总是要等到最后期限，才开始行动。这类人总是会说：“再等等吧，明天再做也不晚。”懒惰是对成功危害最大的因素。

（2）不良习惯。如果遇到事情总是一拖再拖，时间久了，拖延就会慢慢变成一种习惯。人们都知道，习惯的力量是非常可怕的，它会不断强化你的拖延行为，直至你离成功越来越远。有拖延习惯的人总是会先敷衍别人的要求，他们在接到新任务时，一般会最先关注最后期限是什么时候，以便尽量地把事情往后拖。

（3）缺乏毅力。每当必须完成一项比较困难、复杂或是需要付出艰苦努力并且长期坚持的任务时，拖延者并不是马上开始做眼下能做的事情，而是不断下决心在将来的某个时间再开始做。例如，要考过英语六级，爱拖延的同学会想我现在才大二，等到大三再过吧；等到了大三，他又会想这才刚开学，离考试还早呢，我下周再开始复习也不晚。这类拖延症患者看似没有放弃完成任务，但实际上他只是在给自己不断逃避开始行动找各种借口，而事实上他就是缺乏毅力。

（4）缺乏自信。缺乏自信的拖延者常常不能很好地完成任务，因此往往因为害怕事情做不好而迟迟不肯行动，直到把事情拖到最后期限之前才匆忙完成。因为是在最短时间内完成的任务，所以即使结果非常糟糕，他也会借口说“这是因为时间不够”，用这种自欺欺人的自我安慰来掩盖自己的缺乏自信。

（5）寻求刺激。一些人自信能在高压下工作，他们觉得在紧迫的时间限制下完成任务非常刺激，因此喜欢把事情拖到最后一刻再来完成，从而寻求这种刺激。

（6）逃避困难和责任。喜欢拖延的人常常认为，战胜生活中遇到的困难和承担起生活的责任难度很大，而逃避现实比较容易，因此他们就采用拖延的方式来自我麻痹。与喜欢挑战的人相比，这些人比较喜欢做难度不大的事情。一旦遇到有些难度的任务，他们就会不自觉地拖到最后再去做。

（7）个性中有完美主义倾向。做任何事情都要求尽善尽美的人，往往替自己拟出很多不切实际的标准。当某些消极或是不利因素达不到他们的标准时，他们就会因为不愿匆忙开始而拖延早该做好的工作。完美原本就是一种理想状态，几乎无法实现，所以凡事总要求完美终将导致拖延。

（8）过分忧虑，犹豫不决。有些人总是在事情还没有开始做的时候就想象，决定的时候就会过分忧虑、患得患失、优柔寡断、犹豫不决。这样做不仅浪费了大量时间，而且会白白错过很多宝贵的机会。

3.时间拖延管理小秘诀

拖延是时间管理中的一大困境。只要下定决心，大多数的拖延问题都是可以解决的。面对拖延，有如下对策。

（1）承认拖延是一种无益的生活习惯。要克服拖延顽症，首先要从主观上认识到拖延的危害。

（2）时刻提醒自己马上行动。时刻提醒自己不要拖延，不断地给自己“立即执行”的心理暗示，慢慢地改变自己喜欢拖延的坏习惯。

（3）给任务设定一个明确的完成期限。为了更好地自我约束，可以给每一个任务都设定一个明确的完成期限，期限的压力可以对行动起到刺激作用。如有必要，将这一期限告诉其他人，这样无形之中就变成了一种公开的承诺。因为违背承诺会显得更加尴尬，所以自然会格外积极地完成任务。

（4）将复杂的任务分解。如果遇到比较庞大复杂的任务，不能一次全部解决，那就尝试一下被艾伦·莱肯称作“瑞士奶酪”的技巧，即将其细分为自己认为可以在短时间内完成的许多细小的任务，先易后难，从简单的地方突破。每次做一点，慢慢积少成多，你就会有完成这件事情的动力了。

（5）告别完美主义。如果你是完美主义者，你应当认识到完美只是存在于你头脑中的一种假象，在现实世界里并不存在，你需要把自己从完美主义中解救出来。你可以允许自己不完美，可以允许自己犯错，可以允许自己去冒险，尝试各种可能性。如果你不这样做，你就会因为总是害怕做得不完美而无法接受新的任务。你可以现在就去做，做完再判断。如果行动过早地与判断纠缠在一起，判断就会扼杀你的表现。完美主义者应该牢记这句话：至善者善之敌，要求过高，反难成功。

（三）零碎时间管理

零碎时间，是指可供自由支配、不构成连续的时间，或一个事务与另一个事务衔接时的空余时间。高校学生除了上课、参加活动之外，有很多零碎时间往往被大家忽视。零碎时间虽短，但如果不断积累，加起来也是很可观的。那么高校学生该如何利用好零碎时间来成就自己呢？

1.学会拒绝，珍惜零碎时间

（1）学会说“不”，珍惜零碎时间。在我们的生活中，我们的零碎时间总是会受到朋友的干扰。当你想利用午餐后的一点时间做点有价值的事时，同学却要求你做其他事情，此时你该怎么办？有的人会犹豫不决，支支吾吾；有的人口头答应，心里生气……生活中，像这样不懂得说“不”，不敢表达自己真实意愿而浪费时间的情况太多了。要知道，我们不可能满足所有人的要求。那么，面对朋友的要求，我们究竟该拒绝还是答应，需要根据事情的重要程度、可能产生的后果加以权衡。①直接答应。假如对方需要占用的时间比较短，你不如直接答应别人，那样可能更省事，不用花费时间去解释。②勇敢说“不”。当别人要占用你的时间很多，而你又没有时间的时候，最好的解决方案就是说“不”。如果使用得当，可以帮你节约很多时间。千万不要因为不好意思而不懂拒绝，从而浪费自己的时间。③学会折中。凡事都有例外，当面对的要求无法拒绝时可以选择折中。比如，对教师布置的非必要任务，可以推荐其他乐于接受的同学参与。

（2）挤出零碎时间，并凑零为整。时间都是挤出来的，一个善于利用时间的人常常善于挤时间，并学会凑零为整。凑零为整法的实质是实现时间利用率的最大化，它帮助人们在已经计划和分割的整块时间中挤出节省下的零碎时间，并将零碎时间进行归类和集中。例如，高校学生每天从睡觉、娱乐等整块时间中挤出10分钟作为零碎时间，每周按5天算就是50分钟，每月就是200分钟，每年就是40个小时。10分钟对于一天来说微不足道，很多人每天浪费的时间往往不止一个10分钟，但是，如果能持续下去，就能让时间产生最大的倍增效果。

2.把握“间隙”，巧妙使用零碎时间

不放过每一分钟，让每一分钟、每一秒钟都能创造出新的价值。充分利用间隙时间是管理零碎时间的一种方式。把想做的事情分成很多部分，见缝插针地完成，会取得意想不到的效果。

（1）利用好睡前时间。有人算过这样一笔账：如果每天临睡前挤出半小时看书，每分钟读300字，半小时就能读9000字，一个月是25.2万字，一年的阅读量可以达到302.4万字。而书籍的字数从10万字到20万字不等，每天读半小时，一年就可以读15~30本书，这个数字远远超过了世界人均阅读量。

（2）利用好等候与空当的时间。高校学生应该珍惜在食堂排队打饭、买东西排队、外出等车、开会等候的时间，可利用这段时间背背英语单词、听听英语录音等，也可以利用这段时间思考一些事情、电话沟通处理一些学生社团活动等，而非用在玩手机、听音乐、聊天等。

（3）利用好回家或者返校路上的零碎时间。每个学生在回家和返校的路上都要花费一些时间，包括等车、在路上的时间等。因此，你需要在这些时间上做一些有意义的事情，不能让它白白浪费掉。比如，可以带上一本书，利用这段时间翻看一些。

（4）利用好学习中的零碎时间。善用时间的人，会懂得如何使用学习中的零碎时间。例如，5分钟的课余时间，可以打一通电话，整理一下学习笔记；20分钟的课余时间，可以提前预习功课等。

（5）合理利用好寒暑假、节假日等时间。高校学生相比于其他群体，空闲时间还是很多的，因此不但应当规划好一天24小时，也应当规划好一年365天。充分利用好寒暑假、法定节假日、周末休息日，这样一年就会多出200天左右的时间供自己安排。巧妙地把这些时间加以利用，必定能得到意想不到的收获。

3.避免打扰，提高零碎时间使用效率

（1）安排属于自我的时间。高校学生每天至少安排半小时到一小时的自我时间，不被其他人干扰。假如自己能够有一些时间完全属于自己，完全不受其他人打搅，这段时间的效率就可以大大提高，甚至抵过一天总的学习或工作效率。

（2）跟时间比赛。学会跟时间比赛，给每件事情规定最后的完成期限，尽量让自己在有限的时间内完成自己所计划的每一件事情，这个方法是要自己与自己竞争，然后竭尽全力去超越自己平时的表现。

（3）缩短进入状态的时间。给自己提出要求，确定一个简单明确的目标，尽量缩短犹豫和考虑的时间，从而缩短进入状态的时间，慢慢养成习惯。例如，高校学生在上课之前就提前预习好课程学习的内容，上课之后让自己迅速进入学习状态。

（4）提高办事效率。做事的快慢决定着需要耗费时间的长短。同一件事情，动作快的人可能2分钟就完成，动作慢的人10分钟都不一定能做完，提高速度才能挤出更多时间去做其他事情。例如，有的高校学生习惯在宿舍做作业，其实宿舍里干扰因素很多，而到图书馆去可能效率会更高，可以为自己节省更多学习时间。

第二节　高校学生的人际关系管理

一、人际交往原则

良好人际关系的建立需要交往双方在交往过程中遵循一定的原则，人际交往的原则主要表现在以下几个方面。

（一）平等原则

平等性既是建立良好人际关系的基础，也是构建和谐社会的基础。平等是指在交往过程中，人与人之间的个性、付出与收获、需要与满足的程度等方面的平等。人际交往是人与人之间进行的一种心理交流，它是一种积极的、双向的、有进有退的行为。人都有友爱和受人尊敬的需要，都希望得到别人的平等对待，人的这种需要，就是平等的需要。中国有一句古老的谚语，叫作“己所不欲，勿施于人”，说的就是“平等”这个概念。

（二）兼容原则

兼容主要是指在人际交往中的心理相容，也就是人与人之间的关系要和谐，在与别人相处的时候要有包容、宽容及忍让的态度。要实现“心理兼容”，就要加大交流的频率，寻求共同的目标，要保持谦逊与包容。做人要有一颗豁达的心、宽容的心。要有同情心，在遇到困难的时候要站在对方的立场上。学会容忍他人，也就是对自己好，因为宽容是人与人之间不可缺少的润滑剂，它可以拓宽人们的交流空间，滋养人们的人际关系，缓解人们与他人之间的紧张与矛盾。在校园里，每一个人都有自己的个性，都有自己的缺点和不足。在人际交往的过程中，不可避免地会发生一些令人不愉快的事情，从而产生一些矛盾和误解。这就要求我们学会宽容、克制和忍让，要认识到学生之间的不同，要允许不同的观点、见解和方式的存在，要尊重并理解他人的选择。

（三）交互原则

霍曼斯认为，人们的交流实质上就是一种社会性的交流。交流的基本原理是：个人期望人际交流对他来说是值得的，也就是在交流中得到的比失去的要多，或者至少与失去的相等。人的所有交往行为以及所有人际关系的建立和维护，都是基于他们各自的价值观念而作出的选择。“一方有难，八方支援。”互利程度越高，交往的双方关系越稳定，关系越密切；相反，他们之间的关系就会变得生疏。

（四）信用原则

所谓信用，就是一个人要诚实，不要欺骗，要守信。人不能没有朋友，交往离不开朋友。“一言既出，驷马难追。”待人要热情友善，以诚待人，不卑不亢，庄重但不过分拘谨，谦虚但不装模作样，要充分展现自信。只有自信的人，才能赢得他人的信任。一个做事果断、有主见、精力充沛、充满自信的人，很容易激起他人的交流欲望，赢得他人的信赖，散发出令人愿意和你交流的魅力。

（五）理解原则

理解主要指的是对他人的需求进行体察和理解，对他人的言语和行为的动机和意义进行理解，并协助和促进满足他人的合理需求，对他人的生活和言语中有价值的部分给予鼓励、支持和认可。从大学生人际交往的角度来看，就是可以将自己放在对方的位置上去考虑问题，而不是以自我为中心。可以进行换位思考，就可以充分体会到双方的思想、情绪，让交流的过程变得更深入、更顺畅。如果想要构建一个良好的人际关系，就应该多为别人考虑，就像古人说的那样："己欲立而立人，己欲达而达人，己所不欲，勿施于人。"以上所说的都是为人处世之道。正确应用并掌握其原理，是搞好人际交往的基础。

二、学会积极人际交往，构建和谐人际关系

卡耐基曾说："一个人事业上的成功，15%靠他的专业技术，85%靠他的人际关系和处事技巧。"卡耐基一语道出了人际关系的重要意义。人际关系是人之基本社会需求，可助自我了解，达到自我实现与肯定。每个人都希望自己能够拥有良好的人际关系，能够拥有很多知心朋友，但是由于受到各种主观因素和客观因素的影响，交往双方在交流信息、沟通思想时往往会不太顺利，产生各种障碍，甚至会造成人际关系紧张等问题。如果我们能够在充分展示自我魅力的基础上，主动掌握一些有效的人际交往技巧，那么在解决人际冲突、改善人际关系方面就会如鱼得水，收放自如。

（一）树立良好的第一印象

一见面就让别人喜欢你，绝对是一项可以受益终身的本领，也是走向成功的一大资本。人际交往是从首次印象开始的，第一印象往往鲜明和强烈，并决定了个体最初的吸引力，也常意味着交往能否继续下去以及交往的质量。

良好的第一印象是人际沟通的首要步骤，也决定了人与人之间的关系。在此基础上，我们将后知信息的含义与先知信息的概念相结合，即"首因"效应。比如，一个刚刚进入高校的学生，他优秀的自我介绍会给他的同龄人留下一个很好的第一印象，就算他后来的表现没有之前那么好，也会被当成是他没有努力，而不是他没有能力。通常来说，人们的第一印象是从外部特征中产生的，比如仪

表、言谈举止等。所以，我们首先要注重对自己外表和体态语言的塑造，在这些方面要做到穿着得体、举止大方、文雅、礼貌、谦虚、面带微笑等。虽然这些都是外在的特质，但是它们都是内在美的表现，在人与人之间的关系中是不能忽视的。其次，还要树立起自己的自信心，敢于向他人展示自己的优秀品质，并能坦然接受他人的赞美。

（二）学会积极有效的倾听

“听”的繁体字是这样写的：“聽”，由耳、王、十、目（横）、一、心所组成的。其中的含义是需要眼到、口到、心到，并且要做到用眼看、用口说、用心记。还有更重要的一层含义：“王”在这里解释为“玉”，只有耳朵带玉的人（尊贵的人）才是真正的听者，所以“听”这一项行为在古代就已经被人们尊崇为最高尚的行为。我们可以理解为用最好的耳朵、十只眼睛一心一意地听。古人已经理解了听的真谛，故把听的宗旨全都包含在了这个字里。造物主给了我们两只耳朵、一张嘴，也是要我们少说多听。在人际交往中，要专心听取对方的讲话，并适时给予对方回应。

1.专注的表情和眼神

常言说“眼睛比嘴巴更会说话”，听别人说话时作出表情反应是彼此感情交流的重要方式。据专家研究，不同文化背景的人尽管听不懂对方的语言，但是对表现幸福、惊讶、厌恶、悲哀、愤怒、恐惧的表情认识却十分准确，对方从你表露的神色中可以感受出你的爱意、同情、惊喜等情感。因此，我们在倾听他人谈话时，要让自己的表情和眼神传达出你正在专心听对方讲话，并用自己的表情变化不时地肯定和鼓励对方继续说下去。

2.积极反馈，适当提问

在倾听的时候要点头或发出“嗯、哦”等声音以示回应，这样既可以表示自己在认真倾听，同时也能激起说话者进一步讲话的兴趣。当然，认真倾听并非一言不发或是一味地附和对方的观点，而应在认真倾听的同时，得体地向对方表达自己的观点和意见，这样不仅不会得罪人，反而会受到对方的欢迎。

我们在倾听的同时也可以适时地提问，及时查证自己是否了解对方，而且可以让对方感觉到我们对他的谈话内容感兴趣，同时也能启发对方谈出我们感兴趣的话题。但注意要避免干涉性或盘问性的提问，不要探问对方的隐私。

3.不随意打断对方的谈话

有时候，我们在谈话的过程中并不是一下子就可以抓住要领的，这时候应该让对方有时间把话说完，然后根据讲话人的情绪流露和声音的情感色彩，边听边作情感的呼应。千万不要自己插进来大讲特讲，而要等对方讲完之后再发表自己的见解。中间插话会让人感到扫兴，同时也会给人不被理解、不被尊重的感觉。

（三）学会给人以真诚的赞美

每个人都渴望得到别人的赞美，也都会把别人的赞美当成一种美好的精神享受，因此在人际交往中应该善于发现别人的优点、长处、成绩等闪光之处，并真诚地、慷慨地赞美他人。那么，高校学生应该怎样在与他人交流时恰到好处地去赞美别人呢？

一要善于洞察对方的闪光点，做到有针对性和指向性的赞美。我们在与人交往时，要善于从多个角度去挖掘对方的优点，包括已经表现出来的明显优点和潜在的闪光点；同时还应结合不同对象的年龄、性别、个性、知识层次等方面的不同特点，做到有目的、有针对性的赞美。

二要注意赞美方式的多样化。赞美可以是直接的也可以是间接的；可以是有声的也可以是无声的。热情洋溢的话语是赞美，微笑的面孔、肯定的姿势甚至是一个轻抚的手势也可以传达出肯定与鼓励。有时候直言不讳地赞扬会被人拒绝，而发自内心的动作和表情更显得真实，使人乐于接受。

三要以情动人，增加赞美的力量。我们在赞美他人时要注意情感的投入，明确地说出自己的感受。赞美不是无原则地吹捧，更不是肉麻地恭维，赞美的实质是真诚、善意和有理有据。

（四）恰当的自我暴露

自我暴露就是把自己私人性的方面展示给别人。奥特曼等人研究发现，良好的人际关系是在随着自我暴露的增加而发展起来的。随着信任程度和接纳程度的提高，交往的双方会越来越多地暴露自己，因此自我暴露的广度和深度可以看作人际关系尝试的晴雨表。但是，无论关系多么亲密，每个人都有自己不愿意暴露的领域，我们不能因为关系亲密就期待对方完全敞开心扉，更不应该随意侵入对方不愿意暴露的区域，否则会让对方产生强烈的排斥情绪，从而降低对我们的接纳水平。

第三节　高校学生的情绪与压力管理

一、高校学生情绪管理

（一）情绪概述

谈到情绪，人们自然会联想到喜怒哀乐、悲欢离合。生活中，每个人随着心理活动的进行，都会表现出不同的心理状态。时而积极，时而消极；时而温和，时而暴躁；时而焦虑，时而轻松；时而烦恼，时而快乐……人在清醒的每时每刻都处于一定的情绪状态之中，情绪直接影响着我们的生活、学习和身心健康。高校学生正处于青春期，情绪波动较大，情感体验复杂而丰富，经常会面临着各种各样的情绪困扰。对情绪心理的正确认知与疏导，对其学习、生活将大有裨益。

1.情绪与心理健康

情绪是指人们在内心活动过程中所产生的心理体验，或者说，是人们在心理活动中对客观事物是否符合自身需要的态度体验。

（1）情绪的产生。情绪状态下个体会产生生理变化与行为变化，且很难被自身所控制，因此情绪对个体的生活、学习和工作具有重要的影响作用。情绪状态是人的需要是否得到满足的反映，同时又因人的主观体验的不同而千差万别。

①情绪由刺激所引起。情绪不是自发的，是由刺激引起的。引起情绪的刺激，多半是外在的，但有时也是内在的；有时是具体可见的，有时又是隐而不显的。和煦的阳光，清凉的海风，令人心旷神怡；忙碌的街道，喧哗的操场，则令人烦躁不安；未完成的作业，欠债的通知，引起人们的焦虑和紧张。诸如此类，引起情绪的外在刺激不胜枚举。至于引起情绪的内在刺激，有生理性的，诸如腺体的分泌、器官功能失常（疾病）等；还有心理性的，诸如记忆、联想、想象等心理活动。想到伤心事，不觉潸然泪下，这是人人都能体会得到的经验。这些生理性和心理性的内在刺激均可能使人产生不同的情绪。

②情绪与需要密切相关。需要是情绪产生的基础，而且个人所体验到的情绪性质具有主观性。因此，是否引起情绪体验以及产生何种情绪体验，都与需要密切相关。客观刺激与主观需要的相关性是情绪产生的前提。另外，客观事物是否满足人的需要，决定个体产生什么样的情绪体验。当客观事物符合并满足人的需要时，就会使人产生积极的情绪体验，如满意、愉快、喜悦、振奋等；当客观

事物不符合人的预期并不能满足人的需要时，就会使人产生消极的情绪体验，如悲哀、厌恶、忧虑、愤怒等。高校学生的需要复杂多样，既有合理的需要，也有不合理的需要。即使是合理的需要，由于受到年龄、阅历、知识和能力等条件的限制，有时候也不可能得到满足，这就造成了他们情绪的广泛性、复杂性和多样性。

③情绪和认知活动之间存在着紧密的联系。相同的外部刺激，不一定会引发相同的情绪。就拿一场天灾来说，有的人看到天灾就害怕，有的人看到天灾就会幸灾乐祸，产生这样的心理反应，明显和个体的动机有关系。两个队员从篮球场回来，看着桌上的水杯，两个人的反应完全不同。运动员A说："哎呀，我的水杯里只剩下一半的水了，我不能再喝了！"运动员B说："太好了，我的水杯里还剩下一半的水，我可以好好享受一下了。"总的来说，产生什么样的情绪与认识活动有着非常密切的关系。

④情绪较难自控。情绪经验的发生与个体的认识密切相关，而与之相伴而来的生理改变和行为反应，往往是个体难以控制的。有调查显示，一个人在生气的时候，他的呼吸频率可以达到40~50下（安静的时候大约20下）；当你突然受到惊吓时，你的呼吸可能会有短暂的停止，你的心脏跳动20下；在极度的喜悦和悲伤中，也会有呼吸的抽搐。呼吸描述仪可以用曲线的方式记录呼吸的变化。从一个人的呼吸变化中，我们可以推断出他有没有某种情感。人在发怒的时候，除了呼吸的改变，还会影响到人的血液循环，比如心跳加快，血压升高，血糖升高，血液中的化学成分（如血氧含量）发生变化。除此之外，还会对消化腺的活动造成一定的影响，比如人在焦虑、悲伤的时候，会导致肠胃蠕动功能降低，从而导致食欲减退。当你害怕、生气的时候，口水就会停下来，并且感觉嘴巴很干。情绪会引起泪腺、汗腺以及肾上腺、胰腺等内分泌腺的改变。其中，皮肤电阻的变化最明显。当人处于一种情感状态时，血管的收缩以及汗腺的改变都会导致皮肤的电阻发生改变。因为人体的汗腺中含有丰富的钠盐，它可以增加导电率，降低电阻，增加电流，所以可以通过皮肤的电流来判断一个人的情绪。正是由于人们无法控制自己的身体和情感，所以测谎仪被发明出来。基于以上提到的呼吸变化、脉搏加快、皮肤电流上升，研究者可以知道并判断受测者是否在撒谎。这表明，当人们处于某种情感状态时，所发生的生理及行为的改变，并不容易被当事人所掌握。

（2）情绪对高校学生的作用。情绪对于高校学生具有重要的作用，概括起来主要表现在以下几方面。

①自我保护的功能。不少人认为愤怒、恐惧、焦虑、痛苦等负性情绪是不好的或不该出现的。其实很多情绪包括一些负性情绪，在我们生活中是必要的，有其不可替代的作用。曾经有一个小伙子，在爬山比赛时手臂甩在岩石上，当时没感觉怎样，直到后来发现胳膊红肿到医院检查，才被发现是手臂骨折了。原来他患了一种骨髓炎症，痛感神经已坏死，丧失疼痛感，所以即使骨折了也全然不知。由此可见，一个人一旦丧失了痛感，也是很危险的。其实，每一种情绪都是有其功能的。例如，人在面临危机时，会产生一种强烈的心理反应，从而让人在最短的时间内逃出困境。当一个人在工作和学习中背负的负担超过了他所能承受的范围，一种精神上的疲倦就会让他被迫放弃某些工作。而当你受到了别人的伤害，你的愤怒会让你站起来，去保护你自己。

②人际沟通的功能。人际交往不仅仅是出于信息上的交流和工作中的协调等方面的需要，更是带有情绪上的需求与满足。曾有一位学生面对着人声嘈杂的、拥挤的宿舍，自叹自己特别的孤独，引来周围同学的诧异。有同学问："这么拥挤的生活环境，想找个清静的地方都难，你怎么还感到孤独？"这位同学自嘲地说："我就像是被关在一个透明的玻璃瓶中，尽管周围有的是人，可对于我而言，只是看得见而摸不着的啊！"其实这位同学感到孤独，正是缺少情绪上的沟通，是对情感交流的一种渴望。情绪在人际关系中具有重要的调节功能。例如，微笑、轻松、热情、愉快、宽容、友善等情绪的表现，有助于人际关系的沟通与了解；而冷漠、怀疑、拒绝、偏执、嫉妒、鄙视等情绪反应，也会造成人际关系的阻碍。

③信息传递消息的作用。情绪也是一种传递信息的工具。举例来说，情侣间的一瞥一笑，都能表达彼此的爱意；朋友间的一个动作、一个眼神，都可以让别人明白；在考场上，监考教师严肃的眼神，足以让想要作弊的人打消念头。情绪也能互相影响、互相传染。当一个人心情好的时候，他的心情就会影响到身边的人；而当一个人心情低落、愤怒的时候，那种负面的情绪就会向四周扩散，进而影响到其他人。

2.高校学生情绪的特点及影响

（1）高校学生情绪的特点。高校学生的情绪受社会地位、知识素养和所处的特殊年龄阶段的影响，呈现出独特的特点。

①丰富与复杂。从生理发展角度来说，高校学生处在一个多梦的年龄段，人所拥有的各种情绪，都可以在高校学生身上表现出来，如悲哀、遗憾、失望、难过、悲伤、哀痛、绝望等。就自我意识的发展而言，高校学生有更多的自我经验，更多的是对自己的尊重，容易出现自卑和自负的情绪；在社会层面上，高校学生与同学、朋友和教师的交往变得更加细致和复杂。

②波动性与两极性。在高校在读期间，高校学生要面对许多抉择，其中包括学习、交友和恋爱等人生中最重要的事情。高校学生的情绪受社会、家庭、学校和生活事件等多种因素的影响。虽然高校学生的认识水平已经有了较大程度的提高，而且他们对自己的情绪已经有了一定的控制能力，也趋于稳定，但是与成年人相比，他们还是比较敏感的，他们的情绪具有显著的波动性，一句善意的话、一段感人的故事、一支动听的歌曲、一首情理交融的诗歌，都可能引起他们的情绪突然变化。在高校学生情感表达“动荡”期，自我认知、职业生涯和心理发育尚不成熟，其情感波动剧烈，呈现出“得胜时扬扬自得”和“受挫时沮丧”的两极特点。喜欢时花草皆笑，悲伤时草木流泪，情绪的反应摇摆不定、跌宕起伏。曾有一项针对高校学生的调查显示，70%的高校学生的心情往往会出现两个极端，即“起伏曲线”，时高时低，时喜时忧。

③情感的冲动和爆发。霍尔将青少年时期看成从“蒙昧时代”到“文明时代”的转型期，以摇摆和起伏为特征，称之为“狂风暴雨”。随着知识水平和认知能力的提升，高校学生可以对自己的情绪进行一定程度的控制，但是因为他们有着广泛的兴趣，对外界的事情比较敏感，再加上他们年少气盛，具有从众心理，所以在很多情况下，他们的情绪容易被激发，具有很大的冲动性。他们倾向于对与他们的信仰、看法和理念相一致的事情或行动产生强烈的情感；当事情或者行动与自己的信仰、看法和理念不一致时，会很快产生负面的情绪。不过，他们的激动也会很快就消失。高校学生情绪的冲动往往和爆炸性联系在一起。高校学生的自我控制力比较差，在受到某种外界的强烈刺激时，他们的情绪会突然爆发出来，在冲动的力量推动下，他们在语言、神态及动作等方面都会失去对理性的控制，忘记了周围的一切，从而容易造成较为严重的后果。

④阶段性、层次性。因为高校不同年级的培养目标和培养重点都不一样，在教学方式和课程设置上都存在着差异，所以每个年级所面临的问题都不一样。高

校学生的情感特征也存在着差异，表现出了阶段性和层次性的特征。在新的学习环境中，随着新的学习方式的变化，新的交往对象的熟悉和了解，新的学习目标的建立，新生的骄傲与自卑交织在一起，轻松与压力共存，新鲜与怀念交替，情感起伏较大。二、三年级学生在经历一年级的适应阶段后，可以更好地融入高校生活，并表现出更好的心理状态。毕业班学生则面对着很多重要的问题，比如毕业论文（毕业设计）和择业会让他们感到很大的压力，他们的情绪也会有很大的波动，产出很多负面的情绪。除此之外，社会、家庭及自身的要求、期望，以及能力、心理素质的差异，也会使高校学生体现出不同的情绪状态。

⑤外显性和内隐性。高校学生对外界刺激的反应快速、敏感，他们的喜、怒、哀、乐常形于色，与成年人相比，他们的性格更加外露和直接。但是与中小学生相比，高校学学生会粉饰和掩饰自己的真情实感，并在一定程度上表现出了内隐和内敛的特征。一般来说，高校学生的许多心情一目了然，例如考了个好成绩、赢了场球赛，立刻就会眉开眼笑。但是，随着他们自我控制力的逐步提高，还有思维的独立性和自尊心的发展，他们情感的外在表现与内在体验之间并不总是保持一致的。在一些情况下，在一些特定的问题上，一些高校学生会将自己的真实情感隐藏或压抑起来，有时候会呈现出内隐、含蓄的特点。例如，在学习、交友、恋爱、择业等方面，他们常常把自己隐藏得很深，有很大的内隐性。除此之外，随着高校学生社会化的逐步完成，他们的心理也逐步成熟起来，他们可以根据自身的特殊条件，有标准、有目的地来表达自己的情感，从而导致他们的外部表达与内心体验不相符。

（2）情绪对高校学生的具体影响。高校学生的情绪状况将直接影响到他们在高校生活中的各个方面。从总体上看，情绪对高校学生产生了如下具体的影响。

①高校学生的心理状况与其身体状况之间存在着一定的关系。现代心理学、生理学、医学等领域的最新研究结果显示：情绪是一个人身体和精神健康的重要组成部分。如果能够一直保持良好的心态，性格开朗乐观、积极向上，那么身体的免疫力就会变得更强，从而降低得病的概率，对身体也会有好处。除此之外，良好的心情不仅可以让高校学生对生活充满希望，对自己充满信心，还可以让他们的求知欲增强，思维敏捷，富于创造力，爱好广泛，还可以构建良好的人际关系，推动他们的全方位发展。与之相对的是，负面的情绪会对人的身心健康造成

很大的危害。在压抑、紧张、焦虑、恐惧等负面情绪的长期影响下，人的免疫力会下降。大量的调查显示，负面的情绪对健康是一个巨大的威胁。

②情绪因素在高校学生学业中的作用。情绪既是影响高校学生身心健康的重要因素，也是影响高校学生潜能发挥和工作效率的重要因素。好的情绪常能让高校学生积极主动，对学习、工作、活动产生兴趣，对开拓思维、专注力、创新能力有积极的促进作用。人们只有在心情愉快、舒畅的状态下，才能更好地进行思维与创作，并且更好地发挥智力作用。

③情绪因素在高校学生人际交往中的作用。因为情绪是会传染的，所以积极的情感比消极的情感更能赢得人们的喜爱，更能得到人们的欣赏，更能建立起良好的人际关系。同时，在人际交往中，高校学生要注意提升自身修养，学会对自己的情绪进行适度的控制与调节，做情绪的主人，才能获得良好的人际关系。

（二）培养良好的情绪

情绪是一把双刃剑，它有时使人们精力充沛、精神焕发，有时又使人们疲惫不堪、不知所措。但这并不意味着人甘愿做情绪的奴隶，受情绪的支配。人也能够调节情绪。情绪是洪水，理智就是控制情绪洪水的一道闸门。

1.提高情绪的觉察力

当一个人情绪有了变化的时候，注意力会放在引起情绪的事情上，无法跳出情绪困扰，经常在事后才觉察到自己的情绪失控了。其实，是否能控制自己的情绪关键在于自我觉察，通过觉察自己情绪产生的原因与变化，才能更清楚认识自己情绪的源头，从而控制消极的情绪，培养健康积极的情绪。如果一个人处在负面的情绪之中，而无法控制自己的情绪，就会遇上各种各样的麻烦，最终可能导致身心失衡。如果我们遇上这种情绪变化时，应该怎么办？首先，可以采取情绪反刍的方法来认识自己的情绪，用一种情绪去联想更多的情绪状态，慢慢体会自己过去所体验到的各种情绪，这样可以使心态平和。其次，可以寻根溯源。当你觉察到自己产生负面情绪时，如生气，那么就问问自己为什么生气？为什么难过？如果是你的想法引起的不快，那就问问自己，有没有其他的方法替代？在生活中，要养成觉察情绪的好习惯。假如你被激怒了，心中充满了怒气，怀着敌意冲动时，你要觉察到它的存在，要保持理性，只有这样，才会渡过所有难关。

2.培养情绪的控制力

高校学生在感受负面情绪时，出现比较多的是从认识上加以忽视和从行为上加以抑制，在感受正性情绪时出现比较多的是从认识上加以重视和从行为上给予宣泄，说明人们对负面情绪具有减弱倾向，对正面情绪具有增强倾向。给不良情绪找个出口，增加积极情绪体验，对情绪保持适当的控制，是保持良好心态的重要保证。

（1）认知调控法。情绪反应是被试对刺激物的认知。对相同的刺激物，由于被试对其进行了不同的评估，从而引发了不同的情绪反应。因此，我们可以通过调节，改变人们的认知来调节他们的情绪反应与行为。比如，我们有一种害怕“考不上”的心理，认为考不上就会被人瞧不起，又害怕考不上还要补考，等等。这个时候，我们可以通过自己的语言来放松自己的紧张情绪，当意识到考试成绩不好并不重要的时候，自己的紧张情绪就会得到缓解。由此可以看出，认知调整方法指的是，当个人出现不适度、不恰当的情绪反应时，要理性地对自己所处的环境进行分析和评估，并对情况进行分析，厘清自己的思路，并冷静地作出回应。认知调节的核心在于对伴随立即情感反应而产生的认知与想象进行控制。举个例子来说，人在极度愤怒的时候，往往会有过激的行为。如果在这个时候可以警告自己，让自己冷静地分析自己发怒的原因和可能的解决方法，就可以让自己的过度反应变得平和，从而找到合适的方法来解决问题。在具体运用过程中，我们可以通过两个步骤来进行。一是对刺激的性质和强度进行分析。人类的情感反应是一种对种族生存和发展有利的选择，是一种对环境的反应。即时的认识是伴随着认知过程与结果的，但是即时的认识常常是笼统的、模糊的，引起的回应也常常是强烈的。通过对问题的冷静分析，我们可以及时地调整自己的情绪。二是寻求各种方法来解决这个问题，然后进行对比，选取最好的一种。由情感引起的即时反应常是一种冲动的直觉，它有时能使我们摆脱危险。例如，当一间房子发生火灾时，为了逃生而打开房门；有的时候甚至会造成灾难性的结果，比如高楼着火时，从窗口跳楼。许多问题都可以有不同的答案，因此找到最好的答案非常重要，而冷静的思考则是先决条件。认知调节理论的基本原理是：认知可以整合情感。认知与情感分别受两个脑区的调控，一个脑区是相对原始的脑区，另一个脑区是在情感中枢基础上发育形成的新的皮层。在情感方面，人脑对情感的反应是快速的，但是其内容是比较简单的；大脑皮层对认知活动的调控比情感活动的调控要晚一些，但是它的内容更加理性，并且可以对情感活动进行整合。

（2）情绪宣泄法。当人处于比较强烈的情绪状态时，可以让人直接或间接地表达自己的情绪体验和反应，这就是所谓的情绪宣泄方法。简单来说，就是“喜则微笑，悲则哭泣”，而“男儿有泪不轻弹”并不是一种有效的发泄情绪的方式，不应该被提倡。把自己心中的强烈情感，如生气、忧伤、沮丧等表现出来，会使人感觉更好，其随着压力和情感经历同时发生的生理变化也会很快恢复到正常状态。情绪宣泄法主要有两种方式，一种是直接宣泄法，另一种是间接宣泄法。直接宣泄法是在受到刺激后，立即表达自己的情感，如果受到了不公正的待遇，可以立即提出；当你受到了伤害，你只需要说出你的愤怒，并且要别人向你道歉就可以了。间接宣泄法指的是在脱离引起强烈情感的情景后，向与情景无关的人表达当时的内心感受，发泄自己的愤怒、悲痛等体验。比如，受了欺负之后，可以找家庭成员或有能力主持正义的人诉说，以使自己平静下来。宣泄情感的方式在“度”上也存在问题，不能将理性的宣泄情感等同于强烈的情感宣泄。强烈的情绪宣泄是指人在情绪激动时，因缺乏足够的自制力，通过暴力等不适当的方法来宣泄自己的情绪，造成的结果通常是非常严重的，不仅不能有效地解决问题，还可能导致新的问题。如果两个年轻人起了冲突，很有可能会大打出手，将对方打成重伤，一时的快感很快就会让对方后悔。因此，宣泄情感的原理与方法，都应该注重理性，而非盲目的宣泄。

（3）活动转移法。活动转移法是指在遇到情绪困难的时候，把问题暂时放在一边，投入自己最喜欢的活动中去改变情绪体验的本质，从而调节自己的情感。音乐已经被证实是一种很好的调节情绪的方法。快乐的节拍能鼓舞沮丧的人，轻松悦耳的曲子能舒缓焦虑的人，年轻人能通过学习演奏乐器，学会作曲，将心中的感受转变为心中的乐曲，从而体会到成功的喜悦。身体锻炼也是一种很好的转移和调节方式。在心情不好的时候，去旅游，打打篮球，下下棋，都是很好的调节心情的方式。身体运动不仅能放松人的神经，还能锻炼人的身体，能让闷闷不乐的人变得活跃，能让愤怒的人变得冷静，从而达到心境的平衡。活动迁移方式根据迁移的方向可以分为被动迁移和主动迁移两种类型。负面的转移方法就是当心情不好的时候，就会转向抽烟、酗酒，放弃自我。年轻人应当尽力避免这种转变。积极的转移方法指的是把自己的时间、精力从消极的情感体验中转移到对个人、人类幸福及未来发展有益的方向上，比如努力学习、从事研究。正向迁移法是青少年调节情绪的一种方式。活动转移法的效果主要表现在三个方面：

一是新的活动为年轻人所喜欢，他们在进行这一类的活动时，会立即感到快乐；二是通过参加新活动，可以使青少年认识到自己的价值，重新获得自信；三是一个人的时间和精力都是有限的，如果他把更多的精力花在一件事情上，那么他就不会有更多的时间去体会负面情绪。

（4）放松训练法。放松训练，也就是所谓的松弛反应训练，是一种通过肌肉的主动放松，来提高个体对自身情绪的控制能力的一种有效的方法。其基本原则是通过对人体肌肉的放松，减缓呼吸节奏，降低心跳频率，从而减轻患者的焦虑情绪。

（5）音乐调节法。对于苦闷的高校学生而言，学习音乐不仅能改变他们不良的情绪和心态，还能提高他们的艺术素养，陶冶他们的情操。当然，调节的作用大小也要看个人的情趣。每个人都会根据自己的性格特征、情绪、时间、场合等，来进行音乐的选择。如具有强烈节奏性的音乐作品，适合忧郁、喜静、少动者；悠扬舒缓的音乐作品适合那些激动、易动、焦虑的人。在心烦意乱的时候，听听喜欢的音乐，就能起到舒缓和愉悦情绪的作用。

（6）寻求帮助法。当青少年出现严重的情感问题时，他们需要求助于社会支持体系。每一个年轻人都需要构建自己的社会支持体系，拥有可以在心理上给予自己支持和帮助的社会网络，比如亲人、朋友，或者专业的社会工作者、心理医生。社会支持系统的存在具有多方面的意义。一是提供可供倾诉的对象。痛苦的人在向别人倾诉自己的苦恼后，会感到轻松和解脱，年轻人应该经常使用这种情绪调节手段。二是为人们提供了看待问题的新角度、新思路，使人们跳出自己习惯性的思考方式，对所处的困境进行再评估，并寻求新的解决方案。三是社会工作者与心理学家能为青少年提供专业的意见与建议，利用心理学的方法与工具，更好地帮助他们解决情感问题。

二、高校学生压力管理

“人有悲欢离合，月有阴晴圆缺，此事古难全。”虽然我们都希望一切顺利，但是压力与挫折却是无法避免的。成功是有价值的，但失败也是有价值的。对于高校学生来说，适当的压力是一种激励。所以，正确认识和对待压力，并进行有效的管理，才能获得成功。

（一）高校学生的压力应对方式

现实生活中，要完全避免压力是不可能的。很多时候，适度的压力更多是一种动力来源，对个体的学习、工作会有促进作用。尽管过多的压力会造成身心问题，但人们仍能积极应对压力的负面影响，寻求新的发展机会。高校学生作为一个生理和心理上都已基本成熟的个体，对待压力会有自己的方法，但是如何正确地处理这些困扰着学习、生活的种种压力，则是高校学生的一门必修课。

个人有必要学会通过准确地评估压力，来应对困难环境。美国杜克大学精神病学和行为学教授雷德福·威廉斯认为，个人无法逃避压力，所以需要各种评估方法，作出理性的、可以改变局面的决定。他为那些急于想改变工作压力的人提供了几个方法，建议对引起焦虑的问题进行分析，然后试一试"我值得这样"（I am worth it）的方法。"I"是指"哪些因素让你感到压力如此之大？这些因素非常重要还是只是小题大做？""A"是指"你对紧张性刺激做出适当反应了吗？""M"是指"这种情况可以改变吗？"而"Worth it"是考虑是否值得采取行动改变这种情况。威廉斯认为，恰当评估应激事件和自己的应对能力，并合理运用心理防御机制，能较好地适应和应对应激源，让你更有效率地工作。应对，是指个体在面临压力时为减轻其负面影响而作出的认知和行为的努力过程。从本质上看，应对是个人在压力状态下进行自我调节的努力，作为压力和健康的中介机制，对身心健康的保护起重要作用。应对方式是个体在压力情境中为减轻压力所采取的特定行为模式。日常生活中，人们常常不自觉地运用某种特定的应对方式来对付压力，既有意识层面的，也有无意识层面的。目前，一般倾向于把应对的方式归为问题取向、情绪取向、逃避三类。

一是问题取向应对。以问题为导向的回应，就是个体在面对问题时，会采取以解决问题为目标的回应战略，借由直接行动或解决问题的行动，来转变压力或其他关系。主要包括：寻找问题的解决方案、求助于他人、逃离（从危险中脱身）、提前应对（避免将来的压力）等。以问题为导向的方法应该把注意力集中在要解决的问题上，也就是引起紧张的事情上。例如，一个学生的学习成绩很差，在这样的情况下，如果首先合理地分析问题出现的原因，对自己的不足有清晰的认识，之后再制订改进的计划，并且坚定地实施，这就是问题导向的应对策略。

二是情绪取向应对。情绪取向应对是指应对者以试图缓解抑郁、焦虑等负面情绪为主的应激方式，而不是面对导致应激的问题情景。情绪性应对方式主要有：放松、寻求他人的情感支持、表达自己的情感、合理的认知、抱怨等。当你面对无法控制的压力时，会更有效果。比如，亲人因病去世是不可改变的事实。在这种情况下，需要改变对这一事件的情绪体验，可以做一些放松的活动，如外出旅游、向亲密的朋友倾诉、进行合理化思考等。采取情绪取向的应对策略，可以暂时转移注意力，帮助自己脱离压力情境。

三是逃避应对。在大部分的压力事件应对中，人们会同时采用情绪取向应对和问题取向应对模式，但在面对不可控压力时，个体倾向于采用情绪取向应对，且效果较好；面对相对可控的事件时，个体倾向于采用问题取向应对。不管个体倾向于采用哪种应对方式，都与个体的人格特征密切相关，尤其与人格的核心——自我的特点密切相关。一个自立、自信、自尊、自强的个体更有可能采用积极的应对方式。所以，要有效地应对压力，除了加强压力管理技能的学习之外，更重要的是加强自我修养，特别是加强自立、自信、自尊、自强方面的修养，只有这样，才能在人生的道路上有效地应对各种困难。

从总体来看，高校学生的应对风格以正面的态度居多。大量的研究表明，我国高校学生在面对压力时，更多的是采取积极的、健康的、适应性的态度，较少使用消极的、非适应性的态度。高校学生在面对压力的时候，主要采用了一些正面的方法，比如问题解决、忍耐、转移和求助，而消极的方法比如压抑、逃避和幻想则很少使用。高校学生在应对压力的方法中，主要采用的是心理调适，而很少采用自我防卫和外在的引导。但是，高校学生的应对方法还不够乐观，有些人由于缺少有效的社会支持、具有个性缺陷等，在应对方法上表现出了消极情绪，甚至出现了退学等消极的现象。

（二）高校学生挫折承受能力的培养

挫折耐受力指的是一个人在遭遇挫折的时候，可以承受并化解挫折的程度，也即一个人可以适应、抵抗并应对挫折的能力。对挫折的承受能力由两部分组成，一是对挫折的容忍能力，二是对挫折的排解能力。挫折容忍力，就是人在遇到挫折时，能够承受住挫折的冲击、承受压力，使自己的心理、行为不受影响的能力。挫折排解力是人在遭受挫折之后，能够直接调节、改变自己的挫折状况，从而主动地改善自己的挫折状况，解除自己的挫折状况的能力。

1.构建成熟的心理防卫机制

心理防卫机制指的是，当挫折出现之后，人在内部心理活动中所具备的、有意无意地可以消除由挫折引起的心理压力、减轻心理痛苦、维护正常情绪、平衡心理的各种自我保护方式。

（1）积极的心理防御机制。通过建立积极的心理防御机制，高校学生在遇到挫折时，能够有效地调节自己的心态与能力，从而获得战胜挫折的良机。高校学生普遍存在正向心理防御机制有以下几种。

①认同。认同是指一个人在遇到挫折和苦难的时候，可以模仿别人的方式来取得成功，这样可以让自己的思想、信仰、目标和言行都更适合于所处的环境，从而在主观上加强自己能够取得成功的信念。有些大学生往往以名人为自我认同的目标，当遇到挫折时，往往以他们为榜样激励自己，使自己更加努力。

②升华。“精神分析”一词，最初的意思是，当人类的性欲望被社会所禁止时，就会转向文艺创作。在挫败中升华，就是把那些不被社会认同的动机、欲望或消极情绪引导到具有创造性和建设性的高度。当一个人遭遇到挫折之后，他将自己不被社会认同的动机或需求转化为与社会需求相一致的动机或需求，或者在遭遇挫折之后将低水平的行为转化为对社会和自己都有利的更高水平的行为，这就是升华。升华既是对“情感”的转移和实现，也是对“情感”的正面创造。

③补偿。当因为主观因素的制约和阻碍，导致个体目标不能达到的时候，可以尝试用新的目标来取代原来的目标，用已有的成功经验去弥补原来的失败带来的伤痛，这就是所谓的补偿。

④幽默。一个人在遭遇挫折、处境困难、窘迫的时候，能以幽默的态度解决问题，保持心态的平衡，不但是一种智慧，而且是一种高尚的精神境界。

（2）消极的心理防御机制。消极的心理防御机制往往对受挫对象的身心健康不利，长期的消极防御会导致个体的心智退化，从而形成消极、内向的人格特质。一般的负面心理防御机制有以下几种。

①文饰。文饰也被称为“合理化”，指对所遭遇的挫折进行合情合理的解释，以此来缓解或排除心理上的困惑。其具体表现可以用“找借口”“酸葡萄效应”等几个词来形容。

②潜抑，即潜在的抑制性。潜抑属于一种较常见的心理防御机制，它指的是人们在受到挫折之后，会把意识所不能接受的，会让人感到困扰或痛苦的思想、欲望或体验，压制到自己的潜意识中，这样就不会想起，不会去回忆，而是会主动遗忘，以维持内心的安定，让自己避免痛苦。

③投射。投射也可以被称为推诿，它指的是将自己的不当行为、失误或者自

己心中的不良动机、思想观念、欲望，转移到他人的身上，并说他人也是同样的情况，以此来缓解自己的愧疚和焦虑，从而缓解心理上的不安。

④反向。这是一种被称为“矫枉过正”的心理防御，即人们为避免自己所认定的不良动机暴露，而采取与该动机相反的行动，以掩饰自己的真实意图，从而规避或缓解心理压力。

2.正确对待压力与挫折的方法和途径

（1）辩证地认识挫折的两面性。要想对挫折进行正确的认识，就必须认识到它具有两面性。一方面，挫折会对人产生负面的影响。比如，它会影响到个人实现目标的积极性，使个人的创造性思维水平下降，从而损害个人的身心健康。另一方面，挫折对个人的情感反应能力、承受能力、认知能力等都有一定的正面影响。所以，对挫折的两面性进行辩证的认识，就可以把不利的因素变成有利的因素，把负面的因素变成正面的因素，把挫折变成正面的因素。

（2）改变不合理信念。心理研究显示，造成压力和挫折的原因并不在于挫折和冲突，而在于受挫者对自己受到的挫折有什么样的认识和态度。“事不可为”“以偏概全”“对结果过分夸张”是一种较为普遍的不理性观点。

（3）确立合理的自我归因。在现实生活中，人们往往会将自己行动的成败进行归因，但在此过程中所产生的归因取向却极大地影响着人们的心理承受力。例如，有的学生觉得他的成绩差是因为他的学习水平不够高。总体上，具有自然归因倾向的学生具有较强的自我负责取向和较强的正向态度；但在归因上，他们往往会将失败的原因归因到自己身上，从而产生了自责和悔恨的心理。这种自责与悔恨的情绪一旦过多，就会产生挫败感与心理创伤。为此，高校学生首先应从多个角度去收集有关问题的资料，理解问题的成因。其次，要学会对自己的行为进行理性的归因，避免主观上的偏颇，要学会对自己负责的行为采取客观的态度，克服过度负责或将责任全部推到别人身上的倾向，避免因为过于自责而产生的沮丧情绪。最后，积极地采取措施，主动地改变受挫环境的影响因素，使受挫环境得到有效的处理。比如，在学习的过程中，你发现最近一段时间学习效率不高。在对其进行原因分析之后，你可以在解决内在问题的时候，试着改变学习地点、学习时间，或者改变学习科目的顺序、学习结构等，这样你就可以避免因为学习效率不高而给自己带来的压力和困扰。

（4）采用正确的方法和途径对待挫折。

①高校学生应对挫折的几个常规步骤。

一是认识到事情已经发生了，自己要往前看，做自己应该做的事情。

二是接纳、包容。人生苦短，自己还有更重要的使命，不必把精力浪费在琐碎的事情上，得不偿失。“想开点”就是一种心胸的开阔、一种生活的提升。

三是积极地分散注意力。分散注意力也是战胜沮丧的一种有效方法。让自己专注于一件事，即使它很简单，当你全神贯注时，也会将那些令人痛苦的担忧排除在外。

四是坦然面对最糟糕的局面。一个人有足够的勇气去面对自己不愿意面对的现实，这才是一个人强大的性格。不敢直面现实的人，通常有两个原因：一是因为他们有“鸵鸟心态”，一旦有什么危险，他们就会一头扎进荒漠，认为那样的话，就不会有什么危险；二是在没有真正面对自己害怕的东西前，将问题和危险无限放大，让自己无法承受。回避问题的结果是，问题发展和恶化，失去了最好的解决机会。因此，高校学生在遇到挫折时，要勇于承担，经过冷静的思考，才能作出正确的应对。

五是通过对问题的冷静思考，提出问题并加以解决。高校学生在遭受挫折之后，在平静之后可以向自己问四个问题：到底是怎么回事？为什么会这样？有什么解决方案？对于这个问题，什么是最好的？如果一个人能平静地提出问题，并且主动地寻找解决之道，那么他的挫败感就会消退。一个人如果能直面苦难、直面命运，与自己作斗争，向自己挑战，那么他的生活就会走上一条坚实的道路。

②培养良好的意志品质。意志是一个人有意识地确立自己的目标，并按照目标来调整和控制自己的行为，从而战胜困难，达到自己想要达到的目标。意志是一种特殊的精神现象，它反映了人的主观能动性。意志体现在人积极地改变现实的行动中，它对人的精神状态和外在行为具有发动、坚持、制止和改变的控制调节作用。意志的过程分为两个阶段。第一个阶段是制订行动方案的阶段。这个阶段主要体现在以下几个方面：对动机进行取舍与调节，克服动机的矛盾，确立行为目标，选择行之有效的方法与策略，制订出一套切合实际的行动方案。第二个阶段是实施规划和决策的阶段。在这个阶段，人们克服了内部和外部的困难，克服了各种阻碍，完成了各项决议，并且在失败和挫折的基础上，不断地总结经验

和教训，修正规划，坚持不懈地进行下去，最后达到了规划和目的。意志必然体现在动力的冲突中，用较高的动力去克服较低的动力，这就是意志的强大。意志的强弱，主要体现在对内在障碍的克服，最终达到目的。意志力就是一个人为了达成一个目标所做的有意识的、有毅力的活动。意志力是人一生中所形成的相对固定的意志力，它是人的性格的一个重要方面。人的意志并不是天生的，它必须经过长期的社会实践才能形成。

当高校学生遭遇到挫折的时候，拥有强大意志的人可以有意识地对自己的心态和行为进行调整，他们会正视现实，找到失败的根源，运用一切可以利用的技能来应对困难；他们会善始善终地将计划贯彻下去，直到达到目的为止。拥有强大意志力的人，具有更高的适应能力和承受挫折的能力。他们还可以将挫折转化为推动目标实现的积极因素，从而进一步提高自己的自信心。意志脆弱的人通常缺乏自信和主见，他们对自己的控制力和自制力都比较差，当他们遭遇到挫折的时候，很可能会改变自己的行动方向，也很可能会逃避现实，采取一种消极的反应，这样的结果会对他们设定的目标的实现造成很大的影响；与此同时，他们的自信心也会下降，对挫折的承受力和适应性也会下降，甚至会导致他们的意志消沉，产生心理疾病。

高校学生应该具备的意志品质主要如下。

一是要有精神上的自觉。这指的是人们的行为具有明确的目的性，特别是能够充分认识到行为的社会重要性，从而让自己的行为服从于社会和集体的利益。一个人的自觉意识是指他能够自觉地、独立地、积极地控制并调整他的行为，并把他所有的激情与精力都投入他所设定的目标中去。即使是在面对困难和危险的时候，他们也能够克服一切困难，勇敢地向前走。它体现了个人的立场与信念和个人的意志。

二是要有决断力。这指的是一个人能够辨别对与错，并在适当的时候作出决策并付诸实施的素质。适时就是在必要的时候，要果断、有胆量、有勇气、有正义感，但是在没有必要的时候或者情况有变化的时候，却可以立刻停止或者更改已经作出的决定。果断的先决条件是有勇气、有思想、有智慧。

三是要有坚强的毅力。这指的是人在意志力的行为中，始终坚持自己的决心，用充满活力的精神和坚韧不拔的毅力，不断地战胜各种困难，最终实现既定的目标。能坚持很长时间是一个人意志坚定的显著标志。有毅力的人，擅长抵抗与行动目标不符的主、客观诱因的干扰，不仅能将简单而又有趣的工作做好，还能做到不计个人得失。哪怕是枯燥乏味的工作，他们也不会中途放弃，力求取得优异的成果。

四是要有自我约束的意志。自我约束反映了意志的抑制功能，它是指人在意志行动中，既对自己的情绪进行控制，又对自己的言行进行约束的品质。高校学生只有通过努力学习，树立更高的人生目标，在日常生活中刻苦训练自己，自觉地约束自己，才可以成为一个拥有坚强意志品质的人，才可以提高自己的挫折承受能力。

第八章　高校学生组织管理工作新探索

第一节　高校学生会和研究生会组织管理

一、高校学生会组织的管理方法与改进建议

（一）高校学生会组织的管理方法

1.高校学生会的管理是在指导教师的指导下进行的自我管理

学生会自身的组织特点决定了其管理以自我管理为主。学生会的自我管理包括两个层面的含义：一是学生会通过选拔学生会干部，对其日常事务和各项活动的开展进行管理；二是组织内部成员应该根据自身所担任的职务，认真履行职责。学校管理者只充当引导者、协调者的角色，让学生会尽快进入自我管理的状态，自己制定相关的管理体制和运行机制，保证工作的顺利开展。

2.高校学生会在管理中一般采取部长负责制和项目负责制相结合的运行机制

部长负责制就是学生会各部门的主要负责人对本部门的工作负有主要的责任，在工作中出现问题、造成损失时第一时间承担责任，并及时加以解决。项目负责制是指把学生会开展的每一个工作或活动看作一个项目，通过建立项目组推进工作任务或活动的开展。特别是针对一些大型的活动，一个部门的力量往往难以独立完成，而必须由多个部门共同承担各项任务，予以配合完成，这些大型活动就适合采取项目组和项目管理方式来推进完成。当然，实行项目负责制，也要确定主办者和主要负责人，负责统一领导，以便提高工作效率和活动质量。

3.高校学生会管理的关键是学生干部队伍的建设

高校学生会实行的是以自我管理为主的管理方式，学生干部的素质、能力将

直接影响整个学生会的运转和工作质量。学生会干部是学生基层组织各项活动的组织者和领导者，必须具备较高的政治觉悟和思想品质，应通过定期的集体培训使他们树立正确的世界观、人生观和价值观，并对学生会工作有清晰的认识和端正的态度，做到工作方法要得体、工作方式要灵活、工作过程要协作、工作效率要提高。

（二）高校学生会组织管理改进的建议

目前高校学生会组织管理存在的问题主要有：学生干部的选拔机制和淘汰机制不健全，缺乏完整的运行体系；部分岗位职责不明确，任务分配不均衡；绩效考核评价体系不健全，缺乏相应的激励措施；对学生干部的培养缺乏足够的重视，在学生干部的管理中，更多的是进行干部的选拔和使用，而忽视了其中最为重要的环节，即学生干部的培养；一些高校学生会的组织结构还不合理，成员对组织决策的执行力不强，有些学生会组织注重垂直型领导而忽略了成员间的沟通协调，有些学生会组织则重视横向管理而使组织的执行力度不够。

对于当前高校学生会组织管理存在的问题，提出以下改进的建议。

1.建立科学的学生会干部选任机制，做好选任学生干部的工作

在建立学生会干部队伍工作中，对学生会干部进行选拔是最重要的一环。在进行选拔的时候，要遵循选贤任能的原则，以德才兼备的标准为依据，努力挑选出政治素质高、心理素质好、群众基础好、责任心强、组织管理能力过硬的学生到学生会干部队伍中来。首先，在选拔方法上，以全体学员为对象，采取自荐、推荐等形式，使每个满足基本要求的学员都能得到实习岗位的机会。其次，通过面试、笔试和组织考试等方式，对应聘者进行筛选。

2.建立科学的学生会干部培养体系，强化对学生会干部的培养

在管理学生会干部方面，不能仅仅通过挑选出优秀的人才，让他们成为一定程度的学生会干部，这样就可以一劳永逸地解决问题了。学生干部的成长还需要经过多个渠道、多个层次、持续不断地培养。学生会干部的培训内容应该涵盖各个方面，要坚持思想教育与专业培训并重，既要强化学生会干部的理论教育，又要强化学生会干部的专业训练。在进行思想教育的过程中，增强了学生会干部的理论水平，从而提高他们的思想政治素质，让他们能够树立起正确的世界观、人生观、价值观，并对他们的敬业精神和服务意识进行了培养。学生会干部的培养方法，可以将集中训练与平时的教育有机地结合起来，有效地解决学生会干部中的一些共性问题，提高他们的基本素质、基本能力、基本意识和基本工作态度。

此外，还要经常进行学生会干部的交流活动，让他们之间能够相互了解、相互学习、相互促进，从而持续地改善工作方式，提升工作效率和工作能力。

3.改进学生会干部考评制度，并建立与之相适应的干部激励机制

评估既能衡量前期工作，又能为以后的工作起到引导作用。一个客观、公平的考核制度是奖励和惩罚的重要依据，再适时、适度、因人而异、因事而异，运用有效的激励手段，以学生会干部的内部需求和内部动力为基础，开展具有针对性的内部激励，并将外部的激励转换成学生自己的内部激励，构建起学生会干部主动参加学生会工作的长期机制，提高学生会干部的自主性、主动性和创造性。此外，还可以构建学生会干部工作档案，对其工作作风、责任意识、专业学习、协作意识等方面展开考核，并及时反馈，为干部奖惩和使用提供依据，进而构建出“能上能下、能进能退”的学生会干部动态管理机制，最终达到持续优化学生会干部队伍结构的目的。

4.完善学生会组织架构，提高组织成员的执行力度

要根据不同时期的工作需要，增设或裁撤学生会的工作部门，形成更加科学的组织架构。减少工作中出现的多头领导和互相推诿的现象，使组织成员明确自己的任务和承担的相应责任，在确保各个部门成员保质保量完成工作的基础上，提高一个部门的工作效率，进而提高整个学生会的工作效率，更好地为广大同学服务。

二、高校研究生会组织的管理方法

（一）以自我管理为主

一方面，研究生群体和研究生会组织自身的特点决定了研究生会的管理应该以依靠研究生自我管理为主。这必然要求在管理理念和思路、管理体制方面进行改变。在管理理念和思路方面，学校管理者一方面要摈弃事无巨细的“保姆式”的管理模式，从传统的意义上的“管理者”转变为“引领者”“协调者”和“服务者”。另一方面，管理者也要力戒以实现研究生会自我管理为借口，实行单纯的“放羊式”管理思路。研究生会成员也要发挥自己的积极主动性和创造性，放弃依靠学校和教师的懒惰思想，担当起自我管理的责任。在管理体制方面，要合理确定和界定高校研究生会在高校研究生工作中的地位和担负的职责，建立和理顺学校主管部门和研究生会沟通交流的渠道。要实现研究生会的自我管理还必须建立起高效有序的研究生会内部运作机制。研究生会决策层（主席团）要有很

强的决策能力，执行层（各职能部门）要保证各项决定的正确、高效的贯彻和落实，内部形成相互制约的监督机制。

（二）部门管理和项目管理相结合

部门管理是根据各部门的职能和职责进行组织和管理。项目管理则是对某项具体活动进行管理的方式。两者的主要区别是在管理重心上，前者是针对某一部门的职责，后者在于针对某一项目。这两种方式都应该广泛应用在高校研究生会管理中，达到研究生会内部分工和相互协作的相对统一，使其相得益彰。在应用范围上，由于部门的职责和分工特点，可以将部门管理主要应用于日常性、中小型和部门性质特别强的活动。很多具体活动具有突发、系统性，超出某一部门的职责，需要研究生会内部的协调与合作。因此，项目管理主要应用于创新性、大型和系统性很强的活动。

（三）干部管理是关键

研究生会干部是研究生会工作的组织者、管理者和领导者。因此，在高校研究生会管理中，对干部的管理是各项管理的关键和首要任务。首先，选拔和任命干部时，要选拔德才兼备、品学兼优、乐于为广大研究生同学服务、具有较强的管理能力和综合素质的研究生同学担任主要干部和负责人；要考虑不同学科背景、年级、性别等方面的因素，使得干部具有普遍的代表性。其次，要注重培养和关爱研究生会干部，促进研究生会干部的全面发展。要用正确的理论武装他们，不断提高研究生干部思想觉悟和理论素养；要提高研究生干部的基本技能，保证其工作效率；要提高研究生干部管理能力，造就和培养其领导素质。最后，要形成人才梯队，促进研究生会干部、组织的可持续发展。要有意识地吸收和安排不同年级、不同学历的研究生担任研究生会干部，注重高年级带低年级的传、帮、带工作，形成干部人才梯队，防止人才断层。

第二节　高校学生社团组织管理

一、高校学生社团组织概述

（一）高校学生社团组织的内涵

“社团”是一个法律用语，是指经过法律程序成立的集体从事经济活动或社会公共事务的社会组织。

西方高校中的近现代学生社团最早出现在美国。18世纪后半叶，美国高校的校园生活出现了许多新鲜事物，最为重要的变化就是出现了若干形式的学生自治组织和高校学生俱乐部。例如，耶鲁大学的学生自发组织了一些学科类、娱乐类、宗教类社团，这些社团的成员基于共同的学科兴趣、生活志趣和娱乐爱好，组建了诸如文学俱乐部、音乐俱乐部、戏剧俱乐部、宗教俱乐部等。在课余时间，这些社团的学生聚集在一起开展各种演讲、辩论及文化交流活动。随后的200多年里，美国的学生社团迅速发展，并成了美国高校的标志。以美国高校为代表的西方国家高校学生社团十分活跃，学生社团已经成为西方高校学生校园生活的一种方式，而且学生社团承载着的教育培养的功能十分明显，西方社会许多政商两界的知名人士在高校时代都是高校社团的活跃分子，西方高校的学生社团已经成为课堂之外培育优秀人才的重要途径。

我国高校学生社团出现在20世纪90年代，随着我国高校的扩招，高校学生开始基于某种兴趣或爱好自发组织学生团体。我国高校学生社团是以开展有益于学生身心健康的活动为主线，打破年级、系科甚至学校的界限，以科技、文化、艺术、体育、公益事业等方面的志趣爱好为基础，并团结兴趣爱好相近的同学的学生组织，是高等学校“学生自愿组成的群众组织”。

学生社团的存在必须依照法律和校规校纪，遵循一定的宗旨和原则，按照一定的章程自愿结成，并且具有相对固定成员和特定活动范围。

（二）高校学生社团组织的特点

1.规范性

高校学生社团的成立必须符合国家的法律法规和学校的校规校纪。其在开展日常工作时必须有明确、完善的规章制度作为指导，且社团的规章制度是社团管理过程中的主要依据，社团活动的开展、人事的任免、经费的使用都不得与社团章程、制度相违背。

2.自发性

高校学生社团往往是基于校园内一批学生有着共同或相近的兴趣爱好，自发组成的，以达到相互交流、相互切磋的目的。由于具有相对一致的爱好和目标，高校学生社团往往具有一定的自发性，进而产生凝聚力。

3.社会性

随着社会的不断进步和发展，高校学生社团活动呈现出了比较明显的社会化趋势，高校学生社团同社会的联系越来越紧密。同时社团通过收取会费，积累了部分资金用于社会化活动，可以说高校学生社团已经成为连接高校学生与社会的纽带。

4.知识性

随着高校学生社团的逐步发展，当今高校学生社团已经由单纯注重兴趣爱好的“娱乐型”社团向注重兴趣爱好及其周边领域研究的“知识型”社团转变。学生社团往往通过讲座、座谈、论坛等形式带动社团成员展开对社团相关领域知识的学习和思考。

5.多样性

高校学生是校园内最活跃的群体之一，他们思想活跃、个性鲜明、推崇创新，因此自发组成了形式多样、类型丰富的学生社团。这些社团往往涉及社会生活的各个层面，开展的活动丰富多彩。

（三）高校学生社团组织的类型

高校学生社团按照其组织形式可以分为正式社团和非正式社团。学生正式社团是指经学校相关部门批准成立、规章制度完善、具有系统的管理体系的学生社团。这类学生社团开展活动需经学校严格审查、批准，并且社团的发展会得到学校一定的支持。学生非正式社团是指未经学校批准或没有固定组织形式的学生团体。这类学生社团往往组织形式自由，管理相对松散，没有完善的管理体系及管理制度，社团的活动多在团体成员内部举行。这类社团目前还得不到多数学校的承认与支持。

高校学生社团按照活动内容和性质的不同，大致可以分为以下七种类型。

1.思想政治类学生社团

例如思想政治理论读书会、青年马克思主义者协会等。一些先进的思想理论和方针政策在这类社团的活动中得到了很好的宣传和学习。通过这类社团组织的活动，一些相对枯燥的思想理论以鲜活的形式传播给同学们，大量思想先进的同学广泛参与到此类社团的活动当中，并在活动中积极与其他同学进行沟通交流，提高了大家学习先进理论的积极性和主动性，开辟了高校学生思想政治教育的新阵地。

2.学术科技类学生社团

例如电脑协会、科技协会、天文协会等。这类学生社团主要以自然工程科学知识为背景，活动内容丰富并且有很强的学术性、专业性、知识性。这类学生社团为高校形成良好的学术、科技研究氛围，为高校学生提高自身学术水平以及创新能力提供了广阔的平台。

3.语言文化类学生社团

例如英语协会、日语协会、文学社、摄影协会等。这类学生社团是校园文化建设中的重要力量，他们集专业化与普及化于一体，通过组织学习交流活动，不仅完善了学生的知识结构，而且极大地提高了大学生自主学习的兴趣。

4.体育类学生社团

例如篮球协会、棋类协会、舞蹈协会、武术协会等。这类学生社团寓竞技性和娱乐性为一体，活动覆盖面广，普及率高，场地要求不高。体育类学生社团对提高高校学生身体素质有着极为重要的作用，同时也可以培养一批专业能力强、文化素质高的运动员。

5.艺术类学生社团

例如戏曲协会、古琴社、话剧社、美术社等。这类学生社团对高校校园文化建设有着极为重要的作用，同时在塑造高校学生个性方面也有着积极作用。尤其是部分基于高雅艺术形式的学生社团，其活动不但陶冶了高校学生的思想情操，更是对我国传统文化精髓的普及和传承有着一举两得的功效。

6.实践类学生社团

例如环保志愿者协会、动物保护协会、就业与创业协会等。这类学生社团大多基于道义、良知和社会责任感，利用节假日、课余时间在校内或社会从事各种志愿服务以及社会实践活动。这些社会实践活动主要包括环保知识宣传、环保行动、“三下乡”社会实践、去偏远地区支教以及开展大学生勤工助学、就业创业服务等。

7.商业类学生社团

例如微软技术俱乐部、学生校内购物商店等。这类社团多带有商业性质，或有知名企业作为直接支撑，或自身从事一些合法的经营活动。目前在我国高校中，这类商业类学生社团还没有广泛存在；而在国外，这类商业类社团则比较多。

（四）高校学生社团组织的作用

随着高校学生社团的发展与完善，如今的学生社团正在以其特有的魅力，吸引着更多的高校学生加入他们的活动中来，高校学生社团也逐渐成为一种对高校学生进行素质教育的有效载体。下面从四个方面论述高校学生社团的积极作用。

1.高校学生社团是高校思想政治教育的重要载体

传统的高校思想政治教育将课堂教育放在了首位，并且开展思想教育活动时多以灌输、说教等方式为主，政治味太浓且内容也相对枯燥乏味，这对于越来越追求时尚和个性的当代青年大学生来说，很难起到良好的教育作用。新形势下，学生社团的快速发展正逐步弥补这一缺憾，思想政治类社团如雨后春笋，思想政治理论读书会、青年马克思主义者协会等一大批思想政治类学生社团活跃在各大高校，他们的蓬勃发展为高校思想教育提供了便利的条件，他们的活动往往融思想性、知识性、趣味性于一体，鲜活的活动形式充分调动了高校学生参与思想政治学习的积极性和主动性，同时也大大增强了思想政治工作的互动性。高校学生社团已经成为引导学生自我教育、自我管理、自我服务，进一步增强思想政治工作的吸引力和感染力的有效形式，是高校开展高校学生思想政治教育的重要载体。

2.高校学生社团是高校校园文化建设的重要力量

在高校里，学生社团不仅是高校第二课堂的一部分，而且在高校校园文化建设中起着积极的作用。高层次、高质量的社团活动对凝聚学生的价值取向和群体意识有帮助，它不仅可以丰富校园文化，还可以对精神文明建设产生积极的影响，推动学生的健康成长。社团文化是校园文化中最具活力、最具影响力的一部分，拥有着广泛的群众基础和精神认同。优秀的社团文化不仅能够引导学生树立起正确的世界观、人生观、价值观，还能够激发他们的爱国情怀，提高他们的历史使命感和社会责任感，对他们的教育作用十分强烈。社团文化是高校校园文化的一个重要载体，也是高校精神文明建设的一个重要组成部分。社团文化和社团活动互为依托、相互促进、共同发展，二者的良性发展将极大地推动高校校园文化的建设，这一点已得到越来越多的高校的认可。

3.高校学生社团是高校课堂教育的有力补充

高校课堂教育是高校素质教育的一个重要环节，其内容既有文化素质教育，又有对学生创新精神和实践能力的培养。然而，在高校课堂教学中，由于受到各种制约，教学效果并不理想。学生社团是第二课堂的重要组成部分和最主要的表现形式，其活动对丰富学生的知识结构起到了积极的作用。如学术科技类社团、语言文化类社团和艺术类社团等，通过讲座、论坛、研讨会、研究报告等形式多样、内容丰富的活动，突破了传统的教学模式，使来自不同学科专业、不同思维方式、不同知识背景的学生进行思想交流、讨论，提高了学生获取、分析、利用信息的能力，拓宽了他们的视野和知识面。社团活动一方面可以对学生在课堂上学习的结果进行巩固；另一方面可以让学生在参加活动的过程中发现自己的缺点，向他人学习，进而对自己的知识结构进行不断地调整，充实和提高自己。所以，要充分发挥社团的整体引导和潜移塑造的作用，鼓励学生开展跨学科、跨专业、多层次、多内容、多形式的社团活动。

4.高校学生社团是高校学生能力发展的重要支撑

学生社团是高校学生认识自己、展示自己、发展自己的一个重要平台。高校学生在社团活动中，要充分发挥自己的组织能力、创新思维能力、表达能力、动手能力等。同时，高校学生还可以参加公益实践类社团活动，比如举办环保主题、动物保护主题、疾病预防主题等公益类活动，以及就业与创业主题、扶贫支教主题等实践类活动，从而锻炼和培养他们关心身边人、身边事的人文关怀和优良品质。这些开放性、拓展性较强的社团活动，可以有效地帮助高校学生观察社会、接触社会以及服务社会，增强高校学生适应社会的能力，为高校学生和社会之间搭建一个过渡的平台。除此之外，学生社团活动还可以为高校心理健康教育提供支撑。近年来随着就业压力和学习压力的增加，高校学生心理健康问题日益凸显。目前，我国一些高校已开始以学生心理协会等社团为依托，在广大学生中广泛开展心理健康教育。这些心理类社团通过专业教师的指导，将社团活动与高校心理健康教育相结合，在缓解高校学生心理压力、向高校学生传授心理知识等方面起到了积极的作用。通过对高校学生社团活动的研究，可以看出，高校学生社团活动对高校学生的发展起到了积极的推动作用。

二、高校学生社团组织管理的问题、方法及发展趋势

（一）当前我国高校学生社团管理面临的主要问题

我国高校学生社团在各高校党、团组织以及相关部门的指导下，呈现出了良好的发展态势，但是在社团管理和社团活动组织过程中仍存在一些问题和不足。

1.管理体制不够健全，社团管理相对松散

（1）高校社团管理制度仍不够健全。我国各高校虽然有固定的学生社团工作职能部门，同时也设有专门的学生社团管理机构（校学生社团联合会）管理学生社团和协调各学生社团的运行。但是，多数高校学生社团工作部门并没有制定一套健全、稳定、切实可行的社团管理制度。例如，多数高校未就社团的发起、申请、成立、注册、更名、年审、注销等各方面形成文字规定，社团财务管理、社团赞助管理、社团评价激励机制等问题也欠缺规范。除此之外，我国部分高校对学生社团挂靠学院或指导单位的权利和义务、学生社团联合会的职能和权限未作出明确的说明。在此情况下，造成了在社团工作的具体问题上，容易出现挂靠学院、指导单位与学生社团联合会之间权责不分等问题。

（2）高校学生社团自身管理存在漏洞。由于学生社团具有组织上自由度较高、起步时间较晚、活动灵活性较高等一系列特点，加之高校在社团管理方面的经验不足，使高校学生社团的内部管理缺少制度的约束。大部分的学生社团并没有对社团宗旨、组织机构、干部选拔、社团成员的权利和义务、社团财务、社团活动等问题作出明确的规定。因此，在日常管理中，学生社团不能完全做到有章可循，也很难让社团内部管理真正的规范化和制度化。

2.学生社团活动质量不高，社团发展延续性不强

（1）学生社团活动质量不高。我国高校的学生社团工作较国外高校学生社团工作而言，还停留在学生“自娱自乐”的层面上。我国不少高校学生社团管理制度不严谨、不科学、不健全，甚至流于形式，没有明确的宗旨和社团发展方向，使学生社团经常为了做活动而做活动，社团活动质量不高，缺乏新意，仅仅是简单的重复，最终学生渐渐失去参加社团活动的兴趣。长此以往将会形成一个恶性循环，严重阻碍学生社团的发展。除此之外，不少社团干部缺乏与社团相关的专业素质，对社团活动的专业性发展形成了很大的障碍，是社团活动不能突破“自娱自乐”这一层次的重要原因。

（2）社团缺乏完善的人事管理制度。学生社团是学生自发组建的学生组织，它对成员没有有效的限制条件，导致在日常管理过程中社团成员有很大的流动性和自由度，学生在社团中想来就来，想走就走。会员是学生社团发展的根基，频繁的人员流动导致了学生社团很难形成一个稳定的发展环境。另外，现阶段高校对于学生社团干部的重视程度还不够，对学生社团干部的工作没有明确的

认定和奖惩体系，这在一定程度上影响了学生社团干部工作积极性的发挥。社团的学生干部是社团发展的核心力量，在这样的环境下，社团核心人物的责任心是否强烈对社团的发展有着非常重要的影响，一旦核心人物离任或者责任心不强，社团就会出现一盘散沙的现象，更有一些学生社团，干部走马灯似的频繁更换，这些问题导致社团的活动、计划、思想不能保持连贯，活动不够稳定，缺乏持久的生命力。

3.社团活动经费缺乏，活动场地得不到保障

（1）活动经费缺乏保障。目前我国高校学生社团的经费来源主要有三个。一是高校团委等社团主管部门拨款。这一部分经费一般都是社团主管部门每年按计划向学校申请，学校审核通过后划拨给社团主管部门。虽然这部分经费数额非常可观，但是分摊到高校为数众多的各个学生社团手中时，就显得微不足道了。二是学生社团收取会费筹措资金。一般来说，高校学生社团在每学年年初都会进行招新活动，在招新过程中学生社团会向报名的学生收取5～15元不等的会费。通过收取会费的形式，社团可以筹措部分活动资金以维持社团发展，但是由于社团自身没有盈利能力，社团会费使用完之后，社团再难筹措其他资金维持社团日常运行。三是学生社团通过争取社会赞助筹措资金。近几年随着社团的影响力不断扩大，社团活动已经吸引了一些机关、企业的赞助，但是目前这部分赞助一般还停留在礼品、活动用品等实物赞助上，经费赞助非常有限。

（2）活动场地得不到保障。大多数高校都有比较集中的专供学生进行体育活动的场地，但是为社团设置的场地却十分有限。尽管在国内像清华大学这样的高校里，已经为学生社团提供了自己的活动场地，但大部分高校里既没有一个固定的活动场地，也没有一个固定的办公场地。所以，在社团的活动中经常出现“游击战”“抢地盘”的现象。活动场地和办公场地的不确定，使得社团活动无法形成有规律的活动，同时，社团的器材和资料也无法妥善保管，给社团活动造成了很大的不便。

除此之外，高校在社团活动中所需的设备器材方面的投资也落后于社团发展的脚步。比如，古琴社、戏曲社等社团都需要大量的专业器材，但仅仅依靠社团自己的力量，很难购买到这部分器材。因此，缺少设备也是一些社团难以开展活动的一个主要原因。

4.学生社团指导力度不足，指导教师积极性不高

高校学生社团成立之初一般都挂靠在高校的某个院系或职能部门，并且要配备专业的指导教师来指导、帮助学生社团开展活动。但是由于目前各高校对学生社团指导教师的工作不够重视，还没有对学生社团指导教师这一职位有明确的职责界定和岗位说明，即便社团指导教师工作出色，也不能得到任何回报或嘉奖，其工作业绩也并不纳入个人考核、评优、晋职、晋级等，这在一定程度上影响了社团指导教师工作的积极性。在实际工作中，真正发挥好指导和监督作用的社团指导教师为数不多，使得社团活动大多停留在学生自发组织的水平上，学生社团管理难以达到科学、规范的层次。

（二）高校学生社团组织的管理方法

1.学生社团的设立

要解决当前我国高校学生社团管理面临的主要问题，推动高校学生社团组织的建设和发展，必须做好学生社团发展的最初阶段工作，即社团的设立工作。高校学生社团的成立应该满足以下两方面的要求。

（1）发起人要求。

①有一定数量的发起人。社团发起人应是社团所在学校的全日制的高校生、研究生，且发起人不得少于10人，但同时社团发起人也不宜过多，一般不多于30人。

②社团发起人要具备较强的综合素质。社团发起人应满足一定的学业成绩要求，成绩在其所在专业应不低于前30%，以保障发起人不会因参与社团管理而影响学业；社团发起人要具备一定的组织能力、协调能力、沟通能力等基本能力，对于一些对发起人有特殊要求的专业性较强的学生社团，应同时要求社团发起人具备一定的专业素养。

③社团发起人应了解所在学校社团管理的相关政策。社团发起人应深入学习、了解所在学校学生社团管理的相关文件和制度，同时也应该了解所在学校对学生组织管理的相关文件和要求等。

（2）规章制度要求。

①有规范的社团章程。学生社团主管部门应对申请成立的学生社团进行规章制度的审查，审查内容包括学生社团是否对其性质、活动范围、会员权利和义务、经费来源、机构设置等作出明确说明；同时，社团章程应对社团如何启动社

团、解散社团、更名等程序问题作出解释。

②有明确的自我管理制度。学生社团应具备明确的会员大会制度、财务管理制度、财产管理制度、例会制度、人事选拔制度等制度。

2.校、院两级的学生社团管理体系

在我国，虽然各高校学生社团发展比较晚，相关配套体系还不完善，但各高校在学生社团的管理过程中也逐步积累了丰富的学生社团管理经验，并形成了各自的学生社团管理办法。校、院两级的学生社团管理体系是指学校社团主管部门（高校团委）和各学院团委联合管理学生社团的体系。校、院两级的社团管理体系就是把将高校学生社团根据一定的标准（社团规模、活动质量、影响力等）进行划分，部分学生社团由高校社团主管部门直接管理，此类社团即为校级平台学生社团，简称校级社团；部分学生社团由学院团委直接管理，此类社团即为院级平台学生社团，简称院级社团。校、院两级的学生社团管理体系的建立，可以在以下方面发挥重要作用。

（1）减轻高校学生社团管理压力。由于学生社团大多规模较大，成员较多，活动也相对较多，单纯的学校直接管理很难保证对每个学生社团的有效指导，在校、院两级的学生社团管理体系中，学院可以为高校社团主管部门分担一定的管理压力。

（2）有效利用学校资源。目前在我国多数高校中，对社团活动的投入还相对有限。由于社团数量多、发展迅速，高校资源的更新速度往往跟不上学生社团的发展速度，这使很多社团由于缺乏活动资源而无法正常开展活动。校、院两级的学生社团管理体系将部分社团交由学院管理，由学院直接提供资金、场地等资源以保证学生社团的发展，学校社团主管部门只需为校级学生社团提供活动资源，而不需担心院级学生社团的活动资源，使学校有限的教育资源进行了集中的优化分配。

（3）促进学生社团良性发展。校、院两级的学生社团管理体系中，校级学生社团由于是受学校社团管理部门直接管理，并由学校提供相应的活动资源，其在活动规模、影响力、学校的扶持力度等方面都将优于院级学生社团。但是校级学生社团一旦出现活动质量差、会员参与度低等一系列问题时，学校可以将校级学生社团降为院级学生社团，而院级学生社团也可以通过其优异的表现升为校级学生社团，从而促进学校内学生社团发展的良性循环。

3.学生社团联合会管理模式

学生社团联合会是在高校党委的领导下，团委直接指导开展工作的社团管理类的学生组织。由于高校团委人力有限，一般高校社团管理由一名团委教师直接负责，而具体的社团管理事务则是由学生社团联合会完成。

（1）学生社团联合会的宗旨。学生社团联合会是在高校学生社团蓬勃发展的背景下产生的，可以说，学生社团联合会的基础就是广大的学生社团。因此，学生社团联合会的宗旨就是“扶持学生社团活动，规范学生社团行为，管理学生社团运行，引导学生社团健康发展”。

（2）学生社团联合会管理模式的组成。在校、院两级的学生社团管理体系下，学生社团联合会的机构应包含以下两个部分。一是校级学生社团联合会，简称校社团联。校级学生社团联合会作为学校学生社团管理的直接执行机构，应对学生社团的成立、活动审批等一系列问题进行干预。二是院级学生社团联合会，简称院社团联。院级学生社团联合会是校级学生社团联合会在学院设置的社团管理机构，校级学生社团联合会与院级学生社团联合会属于业务指导和被指导关系。院级学生社团联合会的职能是协助学院团委和校级学生社团联合会负责学院社团工作的具体管理。

（3）学生社团联合会的机构设置。为充分发挥学生社团联合会指导、引导、扶持、规范、管理的作用，学生社团联合会必须设置必要的职能机构。以四川大学社团联合会为例，其机构设置包括如下。

①办公室。办公室具体负责学生社团成立资格的初步审核、学生社团资料备案、社团工作相关文件的上传下达以及社团工作各种会议的会议议程制定以及会议记录。

②宣传部。宣传部负责学生社团以及学生社团联合会日常活动的宣传工作，制作学生社团工作简报，编辑、出版学生社团工作的相关报纸、期刊，发布学生社团活动新闻，制作和维护学生社团联合会网站等工作。

③活动部。活动部负责学生社团活动的审批、登记以及监督工作。各学生社团（校级学生社团）活动在活动筹备初期，需到活动部进行审批、登记，登记内容包括活动的时间、地点、参与人数、所需宣传、是否使用教室等，活动审批通过后社团正式开始筹备。活动部需要派活动监察员于活动当天前往活动场地进行活动监察并将监察结果返回活动部登记，以备日后审查。

④权益部。权益部的主要任务是维护学生社团以及学生社团会员的权益，特别是保障学生社团会员的权益在其加入学生社团期间不受侵害。权益部可以在校内设立维权投诉点、在社团联合会网站公布投诉邮箱，保证投诉渠道畅通，同时权益部应具有完备的投诉处理程序，保证投诉处理的时效性。

⑤财务部。财务部主要负责监督管理社团财务工作。它通过定期的和不定期的社团财务审查，动态地监督学生社团财务状况，并定期将校内各学生社团（校级学生社团）的财务报表进行公布，接受校内同学的监督。社团一经发现出现财务问题，将做责令解散处理。

⑥人力资源部。人力资源部负责社团干部的培训、考核以及社团活动的通知；为社团干部针对性地准备一些活动组织、活动策划、规章制度等方面的培训；对社团干部进行考核，尤其是对学生社团联合会自身干部队伍的考核；还负责社团干部各种奖项的评比工作。

⑦院系学生社团联合会。院系学生联合会负责院系学生社团的管理，并将院系学生社团工作的情况及时上报给学校。而院系学生社团联合会机构一般比较简单，可以根据日常工作的需要设立相应的职能部门。

4.高校学生社团管理配套制度

（1）社团干部管理机制。学生社团干部是学生社团发展的中坚力量，因此要有一套完善的社团干部管理机制，主要包括如下方面。

①社团干部的选拔。学生社团主管部门应对学生社团干部进行统一选拔，每学期规定一段时间进行学生社团干部的选聘，规范学生社团干部选拔标准。

②社团干部的考核。在以往的工作中，社团干部往往出现工作忽冷忽热、责任心不强的情况，而且有的社团会长频繁更迭，不利于社团的可持续发展。社团干部的考核制度就是要对学生社团干部进行工作时间、工作业绩以及业务水平等进行考评，包括笔试、面试以及民意调查等形式。

③社团干部的认定。学生社团干部的认定是对他们为社团工作付出的一种肯定，一般学生社团干部工作期限满一年、通过社团干部考核后，学生社团主管部门将对学生社团干部颁发学生社团干部聘书以及任职证明。

④社团干部的培训。学生社团联合会设立人力资源部，通过举行系列干部培训提高学生社团干部整体素质，培训内容可以包括政治理论学习、公共礼仪、人际交往、活动策划、组织管理等方面。

（2）社团奖惩机制。为鼓励学生社团发展，高校学生社团主管部门应对学生社团制定一些奖惩机制，具体包括如下。

①十佳学生社团评比。以年度为评比周期，通过对学生社团活动数量、质量、活动影响力、会员满意度、财务状况等指标对全校学生社团进行综合评定，最终评选前十名作为学校十佳学生社团并进行表彰。

②单项学生社团评比。十佳学生社团评比是对学生社团综合实力的评定，但是部分社团由于自身性质或者其他原因限制，社团发展往往达不到十佳学生社团规定的要求。单项学生社团评比就是为了鼓励这部分社团在自身领域突出优势，发掘社团发展潜力，促进学生社团工作全面开展。

③星级学生社团认定。星级学生社团评定是在十佳学生社团评定体系下发展起来的，对学生社团进行综合考评的学生社团评定体系，它是对高校学生社团发展水平的一种客观评价。

以四川大学社团联合会实施的星级学生社团认定为例，高校学生社团主管部门首先根据学校社团工作考查的主要内容制定星级学生社团评定的评分标准。评分标准中可以就学生社团的指导思想、社团队伍建设、社团管理、社团活动、社团成果、社团特色以及社团与高校配合情况等方面制定评分细则，每个方面又可以包括若干个二级评定标准，每个二级评定标准中应具备一个明显的观测点（项目），评定单位要对观测点进行说明，并根据社团的相应项目与观测点的符合程度制定A、B、C三个不同的评定层次，每个评定层次应具有详细的评定描述，其中A级为与观测点描述非常吻合，B级为与观测点描述基本吻合，C级为与观测点描述部分吻合。例如，学生社团指导思想一项，下面可以设立社团长期发展规划一项，具体评分时A级标准描述为社团具有3～5年的准确规划，且规划符合实际，有很好的可行性；B级标准描述为社团具有初步的规划，且规划符合实际，有可行性；C级标准为社团没有规划。高校社团评比部门可以根据各高校学生社团的不同特点制定星级学生社团的评定标准，并根据学生社团的实际情况进行评分。

星级学生社团评比是将全校学生社团划分为五个级别，分别为五星级至一星级学生社团，其中五星级学生社团是星级学生社团评比的最高标准。高校社团主管部门根据学生社团与星级学生社团评定细则中的二级观测点描述的符合项目的数目来划分星级社团的级别，其中满足A级标准的观测点数目≥总观测点数目的

90%、满足C级标准的观测点数目为0的学生社团为五星级社团；满足A级标准的观测点数目≥总观测点数目的80%、满足C级标准的观测点数目≤总观测点数目的10%的学生社团为四星级社团；满足A级标准的观测点数目≥总观测点数目的70%、满足C级标准的观测点数目≤总观测点数目的20%的学生社团为三星级社团；满足A级标准的观测点数目≥总观测点数目的60%、满足C级标准的观测点数目≤总观测点数目的30%的学生社团为二星级社团；满足C级标准的观测点数目≥总观测点数目的30%的学生社团为一星级社团。例如，星级学生社团评比中共有100个二级评定观测点，则参与星级评定的学生社团必须满足90个观测点达到A级标准且无C级标准，方可认定为五星级学生社团。

星级学生社团评定制度的制定，对高校学生社团进行了综合全面的界定。其为高校学生社团的评优、校院两级学生社团升降级以及社团扶持等方面提供了可靠的参考。

（3）社团干部激励机制。

①优先评比奖学金。学生社团干部在完成学业、努力学习的同时，必然要在学生社团工作上花费一定的时间，因此鼓励高校对学生社团干部实行奖学金优先评比制度，即在评比奖学金的时候通过一定的换算公式将学生社团工作转化为相应的学习成绩加分，但加分比例不能过高，具体情况可视学校的具体情况而定。而在成绩相同的情况下，也应优先考虑学生社团干部评比奖学金。

②学分奖励。目前，学分制已经在全国高校得到推行，一定数量的学分是学生毕业的必备条件。为了鼓励学生社团干部工作，可以设立专门的创新学分、实践学分等，学生社团干部以及学生社团会员在满足一定条件并经过学校主管部门审核后，便可以获得该学分，该学分可以冲抵学生在校期间毕业所需的一定学分。

（4）社团活动监督机制。

①社团活动登记。通过学生社团联合会的活动管理部门对社团活动进行登记，登记内容要详细记录社团活动举行的时间、地点、活动主要内容、宣传方式、场地要求、经费预算以及是否有校外人员参与等。详细的活动登记可以保证学生社团活动监察部门准确了解学生社团活动信息，以便进行监察。

②社团活动监督。学生社团联合会的活动管理部门制定专门的活动监察表以及会员意见反馈表，并且指派监察员根据活动登记表的信息前往活动现场进行活

动监督、记录，并调查活动参与人员对活动的满意度。

③社团活动总结。社团活动总结包括社团自身总结和学生社团联合会监察总结两部分。社团在活动举行当天需向社团宣传部门报送活动新闻，并以周为单位向学生社团联合会活动管理部门报送活动小结；学生社团联合会活动管理部门则根据监察员对活动的监察反馈对社团活动进行小结。社团活动总结内容将作为社团考核的依据。

（5）指导教师机制。

①指导教师的聘用。学生社团必须配备至少一名指导教师。部分活动较为专业的学生社团可以聘用多名指导教师指导学生社团活动。指导教师的聘用需经过学校社团主管部门的审批。

②指导教师的职责。学生社团指导教师分为专业指导教师和活动指导教师两种，专业指导教师主要负责学生社团相关专业技能的指导和培训，通过指导导师提高学生社团活动的专业性；活动指导教师主要负责学生社团日常管理的监督和指导，指导教师可以对学生社团的机构设置、干部选拔、经费使用等问题进行监督和指导，同时也为学生社团在日常工作中遇到的问题提供帮助。

③指导教师的资格。专业指导教师必须具有相关行业的资质认证或者在相关行业从事过教学工作。活动指导教师则必须为在校讲师及讲师以上级别的教师。

④指导教师的激励。将指导教师的工作纳入教师考评的范围里。学校应该出台相关政策，将学生社团指导教师在指导学生社团工作方面的成就纳入教师职称、奖金以及各种评优体系当中来，鼓励教师参与学生社团的指导工作，充分发挥指导教师的作用。

（三）高校学生社团组织的发展趋势

1.社团建设呈现多元化、网络化发展趋势

随着就业压力的增加，越来越多的高校学生将加入学生社团与增强就业竞争力、提前适应社会需要紧密连接起来，在参与社团的管理中提升社会阅历，将学生社团组织从纯粹的“兴趣小组”转变为“兴趣+务实”的职业发展基地。因而，近年来高校学生参加社团和参与社团活动的热情空前高涨，高校学生社团数量也在逐年增加。此外，当代高校学生的主体基本上是“90后”和“00后”群体，随着高新科技、现代传媒的飞速发展，各种意识形态、价值取向、兴趣爱好、文化观念日益影响着这些新生代群体。高校学生对社团的要求不再局限于满足原有的文艺社团、体育社团等结构单一的传统发展模式，而是追求更加轻松、多样、自由、务实的新型发展模式，交际协会、IT协会等能够相互交流学习、锻炼处世能力的学生社团日益受到更多的青睐。在这些丰富、多元的学生社团中，网络、媒体等现代信息手段也成了不可或缺的方式。现实中的高校学生社团组织为了提高组织效率，传播组织文化，纷纷形成线上与线下的联动，如通过网络进行活动招新、宣传、联络和人际互动等。

2.社团管理呈现科学化、民主化发展趋势

党和国家各部门长期以来非常重视高校学生社团的重要作用，多次发布相关文件指导高校学生社团建设。高校纷纷颁布“学生社团管理办法”或者成立学生社团联合会，在校团委的指导下负责对本校社团进行宏观管理，从社团注册、活动监管、财务监督等方面对高校学生社团组织进行统一的管理和指导，大大推动了学生社团建设的科学化、规范化进程。在日趋规范的高校学生社团组织的管理中，除了指导教师的监督和指导外，社团管理的民主化趋势也较为显著。从近年来高校学生社团的成立来看，多数是由民主商议筹办的，社团的管理者也通常以团队的形式出现，时常以开碰头会、代表会等形式讨论通过社团相关决议，甚至有些社团存在着“弹劾制”，在绝大多数社员同意的情况下可以罢免社团负责人。

3.社团活动呈现开放化、国际化发展趋势

从高校学生社团的活动范围和内容来看，目前的高校学生社团基本挣脱了社团内部甚至是校园内部“小打小闹”的束缚，逐渐走出校园、走向社会，呈现出自由、宽松、开放的发展趋势。越来越多的社团开始与企业联合，有些社团直接由企业赞助冠名以企业学生俱乐部的形式出现，有些社团则得到企业的经费支持开展相应的活动。另有一些科技类社团，在积极争取社会资源的同时，也找到了科技成果产业化的有效途径，实现了社团和企业双赢的局面。大量公益类社团如青年志愿者协会等的出现，为高校学生接触社会、服务社会提供了一定的平台，也对高校学生传播和谐社会理念、弘扬志愿服务精神起到了引领的作用。另有一些专门以促进外语学习、增进国际交流为目的学生社团组织，如国际精英俱乐部、英语协会等，大量吸收留学生资源，举办的交流活动也具有较强的综合性、广泛性和针对性，对高校学生开阔国际视野、增强国际交流起到了极其重要的作用。

4.不同高校间学生社团组织交流、联络日益频繁

随着科技的飞速发展与高校学生阅历的提升，越来越多的高校学生社团组织不再满足于现状，极度渴望更加广阔的交流合作与资源共享平台。于是，各大高校内部学生社团组织之间、国内各高校的学生社团组织之间、跨国际院校的学生社团组织之间的交流、联络日益频繁。绝大多数的高校学生社团成立了专门进行校际交流的对外联络部，通过互相的交流合作与资源共享，彼此之间取长补短，促进各自组织的健康、稳定、长远发展。

第九章　高校学生职业生涯规划新探索

第一节　高校学生职业兴趣培养

一、兴趣与职业兴趣

（一）兴趣和职业兴趣的概念

1.兴趣的概念

兴趣指的是一个人试图去了解一件事情或者从事一件事情的一种心理倾向，它体现了一个人对于一件事情或者从事一件事情所具有的一种有选择的态度以及一种积极的情感反应。

兴趣具有以下三个特点。

（1）高度卷入的积极情绪体验。“兴趣”的英文是interest，拆开来看是inter-est，是指人进入某项活动之后（inter），产生了高峰体验（est，英文文法中的最高级）。美国生涯心理学家萨维克斯进一步解释，兴趣就是人与其所接触的事物融为一体的经验。美国芝加哥大学心理学教授米哈利历时30年，与数百名运动员、艺术家、攀岩爱好者、国际象棋选手和教育家进行了访谈，他们在谈到自己的职业时，都会不约而同地提到一种“高度卷入”的状态，这种对工作忘我的投入状态让他们觉得是最愉悦和最满足的状态。

（2）在实践中产生、变化和发展。兴趣是基于对事物、活动的认识和体验，而不是出自凭空的想象。这种了解可以是基于直接经验，也可来自间接经验。直接经验即自己亲身去感受、实践，间接经验来自观察学习或让人介绍。

（3）兴趣的实现往往需要理性的付出。一旦兴趣与职业结合，形成职业兴趣，就需要人站在生产者的角度看待职业，愿意付出努力，享受工作中的乐趣，同时接受过程中不那么有趣的部分。常有人用科学家丁肇中的话“兴趣比天才更重要”来强调兴趣对于职业发展的重要性，但丁肇中还说过：“任何科学研究，最重要的是要看对自己所从事的工作有没有兴趣，换句话说，也就是有没有事业心，这不能有任何强迫……比如搞物理实验，因为我有兴趣，我可以两天两夜甚至三天三夜在实验室守在仪器旁，我急切地希望发现我所要探索的东西。”表层的兴趣源于爱好，这让人愿意去尝试，能够去行动，容易被满足，也容易消逝；而深层的兴趣源于世界观、人生观、价值观，它让你愿意为之牺牲，不计名利报酬、忘我地工作，这就是责任感和使命感，是它们让人坚持到最后。

2.职业兴趣的概念

职业兴趣是一个人在工作中所表现出的一种稳定的、积极的、持续的、对工作的投入的心理倾向。职业兴趣是一个人获得事业成功的主要驱动力，浓厚的职业兴趣可以将人的潜力发挥到最大限度，让他可以长时间地将注意力集中在一个方向上，并为此而付出艰辛的努力，从而在事业上获得成功。

职业兴趣是一种需要具备某种素质，并在职业生涯实践中逐步产生、发展的行为。其形成与个体的个性特点、自身的能力、实践活动以及客观环境、时代条件等都有很大的联系。所以，在职业规划中，对兴趣的讨论不应该是孤立的，而应该是与个人、家庭、社会等因素相结合的。

（二）兴趣的影响因素

1.个人需要和个性

兴趣是基于需求，通过社交活动而产生的，它其实就是你的需求的扩展。对于人的需要，心理学家也有很多的研究，最有名的就是美国的马斯洛提出的“需要层级”，他将人的需要分为五个层面，即生理层面、安全层面、社交层面、尊重层面、自我实现层面。无论人的兴趣是什么，都是以需要为前提和依据的，人需要什么，就会对什么感兴趣。人们的身体和精神上的需要一般都是短暂的，很容易得到满足。但是人们的社会需要或者说精神需要是持久的、稳定的、不断增长的。兴趣爱好品味的高低，会被个人性格的好坏所影响。比如，一个人的人格素质高尚，他将会对社会福利事业产生兴趣，他将会帮助他人，并对高雅的音乐，艺术有兴趣；相反，如果一个人的人格素质低下，他就会对占便宜和低俗的文学作品产生兴趣。

2.个人知识和情感

兴趣与个人知识及情感紧密相关。没有知识，就没有感情，也就没有兴趣。同理，一个人若不懂某一专业，或对某一专业一无所知，他也不会对某一专业产生兴趣。反之，了解越深，感情越浓，兴趣也就越深。比如，有些人非常热衷于集邮，他觉得集邮不仅具有收藏和欣赏的价值，还可以增长见识和陶冶自己的心性，并且收集的东西越多、越丰富，就会越投入，这样就会将其发展成一种兴趣，甚至有可能变成自己的职业选择。

3.家庭环境

家庭是最基本的社会单位，它对每个人的心理发展都有很大的影响，所以，个人职业心理发展具有很强的社会化特点，而家庭环境的熏陶对其职业兴趣的形成有显著的导向作用。大部分人在童年时期都会在家庭环境中感受到父母的专业行为，并在成长过程中逐渐形成自己对专业价值的认知，这就导致了他们在选择专业的时候，不可避免地会受到家庭教育的影响。家庭是影响职业导向的重要因素，表现为择业偏好和可协商性。通常，个体对于家人尤其是家长的职业更为熟悉，在职业规划、职业选择等方面存在着某种趋同性；同时，由于受到家人群体职业行为的影响，个体的职业生涯决策或多或少都是基于家人之间的协商而作出的。兴趣有的时候还会受到基因的影响，而且家长的兴趣可能会直接影响到子女。

4.受教育程度

个人的受教育程度对其专业兴趣有显著影响。任何一项社会性工作，在客观上都需要具备一定的知识和技能，而一个人所接受的教育又决定了他的知识和技能水平。从普遍的角度来看，一个人的受教育水平越高，所受的专业训练越多，他的专业方向也越广泛。

5.社会因素

社会舆论通过政府政策导向、传统文化和社会风尚等方式，对个体的专业兴趣产生了一定的影响。政府对就业政策的宣传对个体会产生重要的影响；传统的就业理念与方式也常常对个体的职业选择产生一定的限制；同时，在社会上流行的职业一直都是个体尤其是年轻人所追求的目标。比如，随着电脑科技与旅游业的迅速发展，高校学生对这两种行业的兴趣也迅速增长。

6.职业需求

职业需求指的是在某一段时间里，用人单位能够提供的各种专业岗位所需要的人才的总量，它是一个能够影响个体职业兴趣的客观因素。随着行业需求和行业种类的增多，个体对行业的选择也随之增多。在特定的情况下，职业需求会加强个体的职业选择，或者抑制个体不现实的职业取向，或者导致个体的新的职业取向。

7.年龄的变化和时代的变迁

年龄的变化、时代的变迁也会直接影响人们的爱好。从年龄上看，儿童常喜欢图画，喜欢唱歌跳舞；年轻人常喜欢文学，喜欢美术；而成人常喜欢某一种职业、某一种工作。这反映了一个人的兴趣重心会随着年龄的增长而改变，也即随着知识的积累而改变。同时，由于时间上的不同，当时所处的物质与精神状况对于人的兴趣的改变也有很大的影响。

二、兴趣与职业生涯规划

（一）兴趣对职业生涯的影响

因为兴趣和爱好的不同，人们在工作上的兴趣也会有较大的差别。有些人从事一些特定的工作，比如室内装修、园林、美容、机械维修等；另一些人则偏爱抽象而富有创意的工作，比如经济分析、新产品开发、社会调查、科研等。职业兴趣对大学生的职业规划和职业选择有如下四个方面的影响。

1.兴趣是职业选择的重要依据

爱因斯坦曾说："兴趣是一位伟大的导师，它是一个伟大的心灵动力。"兴趣能让一个人专注于他所喜爱的专业，启发他的智力，并在他的工作中有创造力。当一个人对一项事业感兴趣，他可以调动他全身的积极性；可以对该职业的知识、动态有一种正面的认识和关注，并且能够进行积极的思考，敢于去探索。

2.兴趣可以提高工作效率，充分发挥个人才能

当一个人对某个领域产生了浓厚的兴趣，那么这个领域就会使他的一切变得多姿多彩，充满了乐趣。兴趣会让工作变成一种乐趣，而不是一种负担。兴趣能够将一个人的所有能量都调动起来，让一个人能够用敏锐的观察力、高度的专注力、深刻的思考力以及丰富的想象力投入工作中，从而推动他的能力的发展。因此，一个人将兴趣与能力有机地结合起来，可以极大地提高他的工作效率。曾经

有一项研究表明，当一个人在他喜欢的行业工作时，他可以把他的天赋中的百分之八十到百分之九十都用得很好，并且在很长一段时间内都不会觉得累；如果一个人对自己的工作不感兴趣，那么他最多只能发挥出百分之二十到百分之三十的能力。

3.兴趣是保证职业稳定、职场成功的重要因素

一个人对一个行业的强烈兴趣，就是一个人发展智慧的“孵化器”。兴趣是一个重要的激励因素。对一个人而言，只要他有兴趣，就会去研究，就会有所成就，这就是兴趣的功用。从总体上讲，兴趣是高校学生就业适应的基础，也是高校学生就业选择的重要依据。工作满意度是一项重要的职业适应性指标，如果一切都差不多，那么，做你喜欢做的事情，不仅可以使你自己，还可以使你的工作单位满意，从而使你的工作长期稳定。

4.兴趣可增强个人的职业适应性

多方面的爱好能让一个人应对变化不定的情况。如果想换工作，在自己有兴趣的情况下，可以迅速找到工作，并且可以快速地熟悉和适应新的工作。所以，在工作中兴趣是成功的关键，它可以充分发挥你的潜力，让你能够长时间地集中精力在一个领域，经过艰苦的工作，并获得显著的成果。

（二）兴趣与职业决策的关系

人们在工作中的很多行为特征都依赖于他们的兴趣，我们可以利用与兴趣相关的理论知识来预测人们的行为，进而指导人们的职业选择、工作转换、职业规划与培训。

1.最理想的职业选择：人职协调

根据职业六边形模型，最理想的工作是寻找与自己的兴趣相一致的工作或职业，以达到个人与工作的和谐。例如，实用型的人可以做餐饮和加工，艺术型的人可以做公关、表演、插花、婚庆等。在这个时候，人们会对自己所从事的专业活动显示出积极的态度，充满了求知欲和探索欲，能够吸引自己的注意力，会使自己乐此不疲，全力以赴。一项有趣的事业，一项有趣的工作，能让我们对自己、对自己的事业都有足够的自信，无论遭遇什么样的困难与挫折，我们都能毫不犹豫地去做自己喜欢做的事情。

2.可接受的职业选择：人职次协调

当然，就高校学生求职的实际而言，过于执着地追求人职协调会在无形中增

加求职的难度，缩小选择范围。其实还有一种可接受的职业选择，就是寻找与兴趣接近的职业。比如社会型的人可以做企业型的工作，由于两种类型在六边形模型上处于相邻位置，它们的关系密切，共同点很多，经过努力和调整也可能适应职业环境，实现人职次协调。

3.最糟糕的职业选择：人职不协调

最糟糕的职业选择就是选择了跟自己的兴趣根本对立的职业。比如，让艺术型的人待在办公室里做行政工作，让研究型的人去做销售经理……在这种情况下，人很难适应所处的环境和所做的事情，也不能体会到工作的乐趣，甚至无法胜任工作。这就是人职不协调的后果。

进入陌生的职场，开创自己的事业，其实是一件比较辛苦和困难的事情。而兴趣、理想与热情正是支持我们坚持到底的动力，甚至决定着事业未来的发展。因此，选择职业一定要以兴趣为先导。大多数人实际上都同时具有多种兴趣。如果具有的几种兴趣在职业六边形模型上紧挨在一起，比较接近（比如，同时具有社会型和企业型），那么根据兴趣来选择职业将会比较容易。但是也有一些人会觉得自己的兴趣非常广泛，在根据兴趣进行职业选择时将会面临犹豫不决的情况。这往往是由于几种职业兴趣在职业六边形模型上的位置隔得比较远，甚至是相互对立的，因而他们选择职业时面临的内在冲突就会比较多。此时，兴趣在职业选择时发挥的作用就会不太明显，而更多地需要依靠性格、价值观等作出决策。

（三）了解掌握自己的职业兴趣

最好的兴趣决策是人职协调，我们可以通过问答、测试、观察以及知识测验等手段对自己的职业兴趣进行多种维度的探索，进而全面掌握自己的职业兴趣信息。

1.兴趣倾向表达法

通过盘点过去回答问题，并将答案和所有闪过的想法列入清单，再对清单项目进行整理、分类、分析，得出自己的兴趣倾向。

2.职业兴趣测试法

这是一种科学、简便又普及的认知自己职业兴趣的方法。即通过一系列的问题，如有关学习、娱乐、社交、劳动等方面的问题，要求你回答是否喜欢或不喜欢的程度，再根据你的答案进行评估和汇总，最后分析得出你的兴趣倾向或兴趣类型，如霍兰德职业兴趣测试。

3.自我行为观察法

回忆并观察自己平时的生活、行为习惯和参加各项活动的情景，从中推测自己的兴趣倾向。如一段连续时间内，你每天的日程是怎么安排的？什么活动的时间安排得最多？什么活动是你最喜欢的？

4.职业知识测验法

通过不同职业知识的测试，测量出自己对职业必须掌握的信息、词汇等内容的得分来对比和评估自己的兴趣倾向。

第二节　高校学生职业价值观培养

一、职业价值观的概念

职业价值观是指在职业选择中，人生目标和人生态度的具体体现，即一个人对职业的理解和态度以及对职业目标的追求和向往。所谓“各人有各人的志向”，这份“志”，体现在事业的选择上，也体现在事业的价值取向上。它是指一种有明确目的性、自觉性、坚定不移地进行职业选择的一种态度与行为，它直接影响着人们的就业目标与择业动机。当一个人以实现自身价值为目标时，他会选择一种能够充分发挥其才能的职业；一个人若只为名利而不顾一切，则在择业时首先要看其当前所择业的身份与收入。职业价值观的内涵主要体现在三个层面上。

首先，职业价值观是个人对于各项职业价值所持的一种根本的理解与态度。

其次，职业价值观指的是个人在工作中所追求的目标，比如理想、金钱、权力、感情等。

最后，职业价值观是一个人择业过程中所遵循的内在标准，对其择业思想、行为、信仰、理解等起着主导作用；主宰着人们对职业生活的认识，让人们认识到外部环境对其职业发展的重要性；也主宰着自我认识、自我定位、自我规划等。

二、职业价值观的影响因素

（一）社会因素的影响

社会的飞速发展对原有的价值观念、利益格局造成了冲击，使人们旧有的职业价值观念发生了改变。高校学生是一个非常活跃和敏感的群体，他们的价值观更容易受到社会环境变化的影响，他们的竞争意识、利益观念和自主性观念都会被引入新的价值观中。

（二）高校因素的影响

高校是一个有针对性、有计划地开展高等教育的特殊场所，它的教育活动对高校学生的职业价值观念的形成与发展有着直接的影响。高校的专业教育不仅让学生拥有了基本的专业知识和专业技能，还让学生对自己所学专业的研究现状和发展趋势有一个宏观的把握，并在此基础上进行职业构想，形成职业认知，进行职业选择和职业评价。高校的道德教育和人文教育等对高校学生的专业价值取向也有重要影响。

（三）家庭因素的影响

家庭作为最基本的社会单元，是人成长和成才的最初场所，也是对高校学生职业价值观产生最直接和最原始影响的地方。高校学生是在和家长一起生活的过程中，从家长那里得到了教育。家庭成员特别是家长的社会背景、经济状况、爱好特长、个性特征及其人生观、价值观等，都会对子女在今后职业方面的观念、态度与行为产生潜移默化的影响。

（四）个体因素的影响

个体因素方面包括高校学生个体的健康状况、兴趣、个性、能力等。

首先，健康是起步的第一要务，任何一种职业都需要一个健康的体格，一个人的身体素质将会对他们的就业产生很大的影响。

其次，高校毕业生的职业价值观以兴趣为先决条件，他们的专业选择和工作多是由兴趣决定的。

再次，人与人之间的个性差异很大。职业心理研究发现，不同的工作对个性的需求是不同的，而不同个性特征的个体在工作中的适应程度也是不同的。从公司层面来看，个体个性特征的差异会影响个体的职位分配与绩效；从个人层面来看，一个人的性格是事业成败的关键。因此，个性特征在大学生择业时是一个很重要的因素。

最后，能力是一个人是否能够进入某一专业岗位并胜任某一工作的前提，不同的能力会导致其职业选择的不同。个体的能力是决定大学生择业的主要因素，其水平在择业过程中发挥着筛选、定位的功能。

三、树立正确的职业价值观

（一）处理好职业价值观、个人兴趣与特长的关系

职业价值观、个人兴趣与特长是职业选择中的三大要素。研究表明，80%的人如果做了一份自己并不热爱的工作，那么他们很难在自己所做的工作中取得成功；人们只有在从事自己所热爱的工作时，才能最大限度地发挥个人的潜力，从而得到事业发展的动力。同时，人们从事自己最拿手的工作，也同样可以充分发挥自身优势，取得成功。

（二）处理好职业价值观的排序与取舍的问题

“有取，便有舍”，要给自己的职业价值观排个名次，分清主次，并时刻提醒自己，不可能事事都有收获。不然的话，就会患得患失，一辈子都不知道自己想要的是什么，更别说在事业上取得成功，为社会作出贡献了。

（三）处理好职业价值观中个人与社会的关系

一个人不可能脱离社会而独立生存，其专业价值只能通过工作对社会作出贡献来实现。当然，这并不意味着我们在选择职业时要忽视个人的因素，而仅仅履行社会义务。这不仅对个人不利，而且对社会也不利。举例来说，如果把一位具有科学创造能力，但又沉默寡言的学者调到一般的教学岗位上，那么，这个国家就会失去一些重要的发明；而这个社会也只是多了一位未必会有多优秀的教师而已。所以，当我们思考自己的专业价值时，必须考虑到国家、社会、个人的需求。

（四）处理好职业价值观与名利的关系

名声和财富是对成绩的奖励，是决定事业价值时必须面临的一个问题。一些毕业生在找工作的时候把名声和财富当作优先考虑的价值，这基本上是无可厚非的。但也有一部分人，他们没有足够的知识，没有足够的能力，没有足够的经验，却抱着“一夜致富”的心态，这不仅是一种不健康的心态，还是一种非常危险的心态。尤其是在面临着严峻的就业形势的时候，更应该理性地将对金钱的期望降到最低，要把目光放得更远，应该尽可能地将自我成长和自我实现作为在毕业求职时的首选。

第三节　高校学生职业能力培养

职业能力是未来就业的基石，其重要性类同于骨骼对人体的意义。同样，未来的雇主在招聘人才和选拔人员的时候，主要的依据便是求职者的职业能力。职业能力是人们在竞争激烈的人才市场上获得优势、谋求更高报酬的主要筹码。对自己的能力优势和潜在优势了解得最深入、最充分的人才最有可能找到自己所热爱、擅长并且能够保持持续性的职业领域。

一、多元智能与专业、职业的基本对应关系

下面我们来了解一下加德纳总结的八种智能与高校里学习的专业以及从事的职业之间的关系。

（一）语言智能

【对应专业】法学类、政治学类、社会学类、教育学类、中国语言文学类、外国语言类（英语、法语、日语、德语等）、新闻传播学类、历史学类、公共管理类、图书情报与档案管理类、戏剧与影视学（戏剧影视文学）类、播音与主持艺术类。

【对应职业】作家、律师、记者、演讲师、培训师、广告企划、编辑、语言类教师、翻译、主持人、史学家、公务员、编剧、档案管理员等。

（二）数理智能

【对应专业】哲学（逻辑学）类、经济学类、金融学类、法学类、公安学类、数学类、物理学类、化学类、生物科学类、心理学类、统计学类、力学类、机械类、计算机类、公安技术类、管理科学与工程类、工商管理类、农业经济管理类。

【对应职业】（自然科学）科学家、（自然科学）工程师、计算机程序员、会计、统计工作者、自然科学研究人员、经济分析师、商人、银行家、保险经纪人、银行人员、警察、心理学家、经济学家等。

（三）空间智能

【对应专业】地理科学类、测绘类、美术学类、设计学类、建筑类（建筑学、城乡规划、风景园林）、园林园艺类、艺术学理论类。

【对应职业】艺术家、设计师、漫画家、建筑师、摄影师、雕刻师、城市规划师、各类行业的设计师、园林设计师、园艺设计师等。

（四）身体智能

【对应专业】体育学类、公安学类、临床医学类、中医学类（中医学、针灸推拿学）、舞蹈类、中西医临床医学、护理学类、教育学类（特殊教育）。

【对应职业】舞蹈家、演员、运动员、司机、军人、消防员、厨师、工匠、中医、按摩师、园丁、保安、外科医生、特殊教育教师等。

（五）音乐智能

【对应专业】音乐类、教育学类（艺术教育、学前教育、小学教育等）、戏剧与影视学类（录音等）、设计学类（数字媒体艺术）。

【对应职业】作曲家、指挥家、乐器演奏家、录音师、钢琴调音师、乐师、音乐评论家、制造乐器者、演唱家、歌手等。

（六）人际智能

【对应专业】法学类、政治学类、民族学类、公安学类、教育学类、社会学类、中国语言文学类、外国语言类、心理学类、经济与贸易类、教育学类、工商管理类、旅游管理类、公共管理类、护理学类、电子商务类、戏剧与影视学类等。

【对应职业】医生、人力资源管理者、政治家、公务员、销售经理、心理咨询师、教师、培训师、演员、警察、社会工作者、翻译、报关员、导游、护士、律师、法官、检察官等。

（七）自然智能

【对应专业】物理学类、化学类、天文学类、地理科学类、大气科学类、海洋科学类、地球物理学类、地质学类、生物科学类、力学类、机械类、材料类、能源动力类、电气类、电子信息类、自动化类、土木类、水利类、化工与制药类、地质类、矿业类、纺织类、轻工类、交通运输类、海洋工程类、航空航天类、核工程类、农林类、农业工程类、林业工程类、环境科学与工程类、生物医学工程类、食品科学与工程类、安全科学与工程类、生物工程类、植物生产类、自然保护与环境生态类、动物生产类、动物医学类、林学类、水产类、草学类、医学类、工业工程类、设计学类（环境设计、公共艺术等）。

【对应职业】生物学家、植物学家、动物学家、气象学家、天文学家、社会学家、环保工程师、化学家、地质学家、采矿工程师、石油行业工程师、酿酒师、宠物医生、航海员、动力工程师、电子／通信工程师、环境设计师等。

（八）内省智能

【对应专业】哲学类、宗教学、文学类、心理学类。

【对应职业】哲学家、心理学家、宗教界人士、小说家、诗人等。

二、职业能力自主提升的方法

我们每个人都无法做到每项能力都是强的。对标我们想读的那些专业和想从事的那些职业所要求的职业能力，我们需要有针对性地提高自己暂时处于劣势的能力。

下面介绍上文所列的八种智能的自主提升方法，高校学生可根据这些方法进行自我训练。

（一）语言智能提升方法

从语言智能的内涵看，我们首先需要从基本词汇、语音、语法、句法以及跨文化语言学习出发来提高自身语言智能的基本功；其次，我们需要积极开展口语表达的训练，参加一些实训营，积极主动地在公众群体间发言，注意倾听他人观点，交流自己的想法；再次，在文字表达方面，文字的应用前提是文字信息的获取和理解，这有赖于广泛而全面的、日积月累的阅读；最后，还需要坚持写作，丢掉微信朋友圈、QQ说说这些短篇幅表达，重新拾起你的日记本、写作本，将自己的想法、观点用文字记录下来。长久练习，你必将有所进步。

（二）数理智能提升方法

长期以来，在我们的学科教学中，数学、物理、化学等理科课程的学习和大量的练习已经很好地提升了我们的数理逻辑思维能力，我们需要继续坚持在数学、物理、化学等课程学习中有意识地培养自己的能力。另外，我们也需要注重生活中的训练。比如，遇到任何事件，试着去分析原因是什么，动机是什么，主体是谁，关联的利益主体有哪些，事件发生过程有哪些可能，最终的结局会是何种情形。当然，像国际象棋、围棋、数独等小游戏也是能够锻炼我们的数理能力的。

（三）空间智能提升方法

可以多参加一些画展、摄影展、博物馆的活动，提升自己对于平面美和立体美的感知能力；可在随手可及的范围内，用铅笔、彩笔等简易工具尝试简单的作画，如素描、手绘地图的创作；也可以有意识地规避使用导航软件，借助地图、太阳、标志性建筑来训练自己的空间思维；你也可以通过涂鸦、素描、摄影等方式，有意识地锻炼自己对点、线、面、立体和事物之间关系的理解和表达能力；在学习的过程中，你既可以采用思维导图等工具来进行知识的梳理，也可以采用画图的方式来表达自己的想法。

（四）身体智能提升方法

有意识地加强四肢运动，适时参加快走、慢跑、登山、篮球、羽毛球、瑜伽等健身运动；可以制作一些手工作品，也可以学习刺绣、泥塑、印章、剪纸，勤于动手制作和搭建一些模型；还可以参加一些戏剧类社团，通过社团活动来表达自己的想法和情感，平时也可以多注意观察和模仿其他人的动作、语言和形态；当然，最基础也是最力所能及的或许是在假期帮助父母完成一些家务劳动。

（五）音乐智能提升方法

可有意识地进行一些听觉训练，如辨声游戏、循声找图、听音找物等，有意识地聆听和感悟自然世界中的鸟语、蝉鸣，并将之与自己知识体系中的相关要素相关联；有意识地多听音乐（不管是什么类型的音乐），并在听音乐时有意识地感受旋律、节拍；可参加一些音乐类社团，多参加一些合唱、独唱和休闲唱歌活动；试着去学习简谱、五线谱，学习一到两种乐器。

（六）人际智能提升方法

首先，在思想和意识上，个体应当重视社会交往的重要性和必要性，相互体谅、相互理解，以开放的心态来与他人交往沟通；其次，有意识地参加一些团体活动、社交活动，如同学间的小聚会，建立学习小组，建设寝室文化，在这些活动中有意识地鼓励自己与他人接触并建立联系；再次，可以参加一些关于人际交往、团队合作、领导力的实训活动；最后，如果你确实是一个不太主动与人交往的人，那至少做到在与人相处和交谈的过程中注意倾听，多观察其他同学为人处世的方法和技巧并尝试学习。

（七）自然智能提升方法

多与自然发生接触，对自然界中的植物学、动物学、气象学等学科领域的知识有意识地进行探索，充分利用一切条件进行试验和探索，把握自然事物的特征和发展规律。可以多参观动物园、植物园、天文馆、地质馆等自然景观；充分利用学校的实验室资源来观察、分析自然物质；学会使用望远镜、显微镜等设备和工具；试着去种植一些植物，可多观看动物类、自然类的纪录片。

（八）内省智能的提升方法

《论语》中，“曾子曰：‘吾日三省吾身：为人谋而不忠乎？与朋友交而不信乎？传不习乎？’”这句话既是内省的表现，又是内省提升的办法。长期坚持每天的内省，关注自我个性、能力、兴趣、价值观的变化，反思自己与他人之间的关系，将有利于内省习惯的养成。内省的过程还包括定期反思自己的目标达成情况。比如，自己主动设定学期及短期目标，为自己的目标制订详细的学习计划，不断总结自己在完成计划的过程中遇到的问题及解决方案。在成长的过程中，注意多与朋友、同学、父母分享自己的观点。在遇到心理压力等问题时，可以寻求专业的心理教师的帮助。当然，阅读也是有效的内省方法。除此以外，还可以通过一些心理测试量表来提高自己内省的能力，比如MBTI人格测试、霍兰德职业兴趣测试、WVI价值观测试等。

最后，需要提醒各位同学的是，我们每个人都具备多种多样的能力，每个人都有能力的长处和短板，能力的短板会影响到我们学业发展的高度。所以，我们要趁着自己的能力还处于塑造期，有意识地按照上述办法来提高自己的能力。另外，在自己擅长的领域，通常能够取得更好的表现和成绩，获得更高的自信和自我成就感，也更容易成功。所以，我们应当留意自己的优势智能对应的那些专业、职业，对这些专业和职业进行了解，给自己确定一个靠谱的、科学的目标，并制订有效的执行计划。

第十章 大数据时代高校学生管理工作新探索

一、从应急到预防：教育管理预测前瞻化

长期以来，高校的学生管理模式基本上是以建立相对完善的应急机制为手段，对突发事件做出反应和介入。但是，对于哪些人、何时、何地发生危机，是否形成了不稳定的诱发因素，一般是通过学生举报和辅导员排查的方式来判断。这就导致了一个问题，那就是预测和反馈的时间存在一定的延迟，在危机来临时这一问题会显得更为严重。而通过可穿戴设备、移动智能终端（手机、平板）、互联网行为记录（微信、微博、网络使用）、社会活动行为记录（监控视频）、大数据存储管理和云计算等载体上记录的大学生思想行为的大数据，能够对学生的可能发展趋势作出预测，并制定出相应的预防措施。

二、从分散到整体：教育管理决策系统化

在大数据时代，微传播的高效快捷、微传播的全民参与、微内容的碎片化、微行为的公众参与，正在深刻影响和改变着年轻人。其表现形式的简单化和思维的碎片化，不但给高校学生的思想和行为带来了很大的改变，而且给高校学生的教育管理工作带来了很大的冲击。同时，长期以来，我国高校在学生教育和管理工作中存在着“上有千丝万缕，下有千丝万缕”的局面。学校党委行政，学院党委行政、教务、学工、团委等都参与到了对学生的教育管理工作中来，各自建设信息管理系统，各自搭建教育管理平台，这导致资源不能充分共享，上下沟通不畅，左右配合不力，从而在实践中难以统筹协调，整体决策。大数据时代的到来，使这一局面有了改变的可能。通过构建大数据共享平台，解决了“信息孤岛”和“数字鸿沟”问题，使各领域的数据资源达到共享的目的；通过大数据通道的高效连接，打破了传统的分散化管理模式，实现了多通道的信息集成与跨部

门分工协作；基于大数据的大样本、完整数据的分析，能够有效地解决“思维简单”“分析零碎”等问题，提高教育管理的科学性。

三、从静止到动态：教育管理过程权变化

从权变管理的角度来看，最主要的就是要对形势的变化作出反馈，并据此作出适当的调整。然而，目前我国高校的学生教育管理模式仍处于静态状态，一切都是一板一眼，而对于环境、学生的变化，又缺乏一种可以适时动态调整的管理策略。学生的行为管理、学习管理、生活管理等，基本上都是通过考上高校后填写学生登记表，期末考试时填写成绩单，获得荣誉时填写获奖证，大学毕业时填写毕业登记表来完成的。但是，这些工作并没有把这些信息与学生的行为数据相结合，对其进行动态的分析，事实上，它们仅仅起到了一个记录的作用，并没有发挥出一个管理的作用。“变通”理论认为，高校的管理活动会因高校的内、外部环境而发生改变，因此，没有一成不变的、具有普遍性的最好的管理思想和方式，也没有绝对的、普遍的适用。大数据为学生教育管理的权变提供了一种现实可能性，实现了学生教育管理的动态化，即通过可视化分析、数据分析、预测性分析、语义引擎、数据质量和数据管理等方法进行数据挖掘，深度挖掘学生的成长轨迹，进行学生行为评价，从教育方面实现精准导向，从管理方面动态调整，改变了学生教育管理过程。

四、从粗放到精细：教育管理服务个性化

人的全面、自由发展包括人的主体性、人的差异性、人的个体发展。针对学生的个性特征，实施个性化的教育和管理，是促进学生全面自由发展的必由之路。特别是随着中国经济社会的快速发展，个性化教育已不仅仅是个体的一种价值追求，更是教育改革的重大课题。但是，目前我国高校的教学管理工作离个性化服务还很远。这主要体现在：不把教育客体视为普通客体，不加以区别，不重视客体的独特性；不能从学生的角度出发，为他们量身定做一套适合他们的教学与管理方案，不能尊重他们的差异；未针对不同对象采取差别化的教学管理评价方法，未充分调动教师的主观能动性；由于没有对不同的学生实施差别化的激励，学生的主动性没有得到很好的发挥。在大数据环境下，如何尊重学生的个性和差异，发挥他们的学习积极性和主动性，对他们的学习和工作具有重要意义。教育工作者可通过数据挖掘方法对教育原始数据进行分析和处理，建立管理数据模型，并分析学习者的学习成果与学习内容、学习资源以及教学行为等变量之间

的相关性。一方面，能够全程、全方位地跟踪和把握每个教育工作者的教育发展动态，为他们制定更加合理的、个体化的教育管理策略；另一方面，根据个人的教育、教学过程及结果的反馈，为其提供更为细致、有效的个性化的管理服务。

五、从单向到互动：教育管理对象协同化

赫尔曼·哈肯提出的“协同”理论认为，从无序走向有序的过程，其实质不在于平衡或者不平衡，而在于各个子系统间的协同性，即行为的非个人化和交互协作。当前，我国高校经过几十年的发展，逐渐形成了一整套固定的、自我复制的、停滞的、不可改变的、僵化的学生管理方式。其主要体现在如下方面：高校学生教育工作的单向性、高校行政工作的压力性、高校行政组织功能的欠缺灵活性等方面。哈贝马斯“公共领域”理论指出，后现代时代的来临，需要我们从“关系”出发去理解世界，需要关注交往行为的价值，在交往中实现人与人之间的交往，以实现人的主体地位和社会的稳定。现代的高校学生性格张扬，他们想要表现，想要参与；他们想要抗拒单向的教育管理权威，想要在教育活动中成为一个互动者，而不是一个单向的接受者；他们想要通过与人的沟通来提高自己的存在感，想要在管理中发挥作用，而不是冷眼旁观，他们想要在管理中获得存在感。大数据为改变传统的教育管理模式、促进互动、参与管理提供了可能。运用大数据的相关技术手段，可以实现与学生的互动交流和有效沟通，让学生有机会随时随地参与学校管理。教育管理者可以在工作中始终保持清醒的思维，将简单的执行转变为创新的探索，将压力转变为动力，将单向转变为互动，最终达到了教育管理的协同化发展。

六、从经验到数据：教育管理评价客观化

在高校的教育教学工作中，能否对管理工作进行客观科学的评价，对于管理工作的引导和推动有着重要的意义。在教育管理中，一方面，通过管理评价可以为教育管理的主体和客体提供价值导向，禁止和限制那些不应当进行的活动；另一方面，还能对学生进行精神激励，从外部满足学生的需求，激发学生的积极性，从而促使学生对学生的教育主体和客体进行内在的主动教育。但是，评价的科学性和客观性是评价的关键，如果评价不当，就会出现反向导向和负性激励。从目前高校教育管理评估的情况来看，存在着两个问题。一是因为缺乏基本数据的分析和积累，学校对教育管理的评价主要是依靠学校管理者的主观感觉，所以

评价的结果是很随意的。二是在某些教育行政评估中，仅仅是以分数、证书等进行量化为主，对于价值观念、思维方式、行为方式等的评估，由于缺乏相对客观的指标和数据，被排除在评估的范畴之外。大数据为科学、客观的管理与评估提供了重要的数据支撑与技术支撑，改变了以往基于经验的决策方式，向“数据说”的方式转变。同时，因为采用了大数据、全样本的数据挖掘方法，将教育目标的行为数据、教育发展数据等都融入数据中，所以避免了单纯以分数、证书等进行量化的缺点。

参考文献

[1] 姚丹，孙洪波.高校教育信息化管理与学生管理工作[M].北京：中国纺织出版社，2021.

[2] 宋丽萍.新媒体环境下高校学生教育管理工作创新研究[M].长春：吉林大学出版社，2020.

[3] 王炳堃.高校大学生管理教育与校园文化建设[M].长春：吉林出版集团股份有限公司，2021.

[4] 杨刚，王新，刘丹.高校教育教学与学生管理[M].长春：吉林出版集团股份有限公司，2022.

[5] 刘苗，赵其勉，杨蓓.大数据时代高校学生教育管理工作的创新研究[M].长春：吉林出版集团股份有限公司，2022.

[6] 焦明江.高校大学生教育管理工作创新研究[M].长春：吉林教育出版社，2021.

[7] 边小玲.高校学生教育管理中的细节教育[M].长春：吉林文史出版社，2018.

[8] 沈永真.高校教育与高校大学生教育管理建设研究[M].北京：中国纺织出版社，2019.

[9] 陆宝萍.高校学生公寓管理及文化建设初探[M].北京：北京理工大学出版社，2021.

[10] 高健磊.新时期高校管理与发展路径探索[M].北京：中国政法大学出版社，2021.

[11] 奉中华，张巍，仲心.大学生教育管理的创新与实践研究[M].长春：吉林人民出版社，2021.

[12] 梁丽肖.教育信息化背景下高校管理机制探究[M].长春：吉林人民出版社，2021.

[13] 张露汀，杨锐，郑寿纬.高校教育教学创新研究[M].长春：吉林人民出版社，2021.
[14] 杨大鹏，马亚格，罗茗.高校学生工作管理创新研究[M].北京：北京理工大学出版社，2019.
[15] 史庆伟.新时期高校学生教育管理工作研究[M].天津：天津教育出版社，2014.
[16] 陆丹晨.高校图书馆管理的创新性研究[M].石家庄：河北人民出版社，2018.
[17] 周非，周璨萍，黄雄平.教育教学管理与素质培养研究[M].长春：吉林人民出版社，2021.
[18] 郭婧，史峥.大学生素质教育创新研究[M].天津：天津科学技术出版社，2020.
[19] 王廷，王楠，郭贝贝.大学生职业生涯[M].北京：中国纺织出版社，2021.
[20] 王晓庆，麻曦业.大学生职业生涯规划与就业指导[M].北京：北京理工大学出版社，2021.
[21] 张媛媛."大学生心理健康教育"课程思政建设研究[D].杭州：浙江工商大学，2023.
[22] 王梦喆.新媒体环境下大学生心理健康教育对策研究[D].沈阳：沈阳航空航天大学，2022.
[23] 林雨."互联网+"背景下地方高校学生教育管理新模式研究[D].株洲：湖南工业大学，2021.
[24] 张志晟.新时代大学生心理健康教育评价研究[D].锦州：辽宁工业大学，2020.
[25] 秦已媛.积极心理学视域下大学生自我管理能力提升策略研究[D].哈尔滨：哈尔滨师范大学，2019.
[26] 陈君.大学生心理健康教育与思想政治教育相结合研究[D].武汉：武汉大学，2019.
[27] 曹蕾.大学生心理健康教育课程实效研究[D].成都：西南民族大学，2017.
[28] 李智通.大学生手机依赖行为的自我管理研究[D].大连：大连交通大学，2017.
[29] 徐笑婕.大学生心理健康教育存在的问题及对策研究[D].长春：吉林农业大学，2017.
[30] 孙丽.高校学生公寓管理中的思想政治教育研究[D].长春：吉林农业大学，2016.
[31] 闫青.大学生自我管理能力培养研究[D].太原：山西大学，2015.

[32] 易帆.以生为本理念下学生参与高校教育教学管理工作的研究[D].株洲：湖南农业大学，2014.

[33] 闫晓楠.新时期高校学生管理工作研究[D].大庆：东北石油大学，2012.

[34] 吴恒仲.高校学生教育管理中人文关怀研究[D].苏州：苏州大学，2011.

[35] 李文博.大学生自我管理体系构建研究[D].南宁：广西大学，2011.

[36] 赵振华.新形势下高校学生教育管理探究[D].青岛：中国石油大学（华东），2011.

[37] 高萍.高校教育信息化体系研究[D].济南：山东师范大学，2006.

[38] 朱禹璇."互联网+"教育时代高校教师与学生管理工作协同发展研究[J].中国多媒体与网络教学学报（中旬刊），2022（10）：173-176.

[39] 孙亚男.高校教育与学生管理工作的有效融合[J].黑龙江科学，2021，12（17）：98-99.

[40] 杜伟.新时代背景下高校学生管理工作创新研究[J].西部学刊，2019（24）：87-89.

[41] 孙岩柏，李卫平，王树彤，等.教育生态学视野下高校学生管理工作的创新[J].传播力研究，2018，2（33）：175.

[42] 袁慧.大数据技术在高校学生教育管理工作中的应用[J].山西能源学院学报，2017，30（4）：100-101.

[43] 陈策.高校学生管理工作创新探析[J].统计与管理，2014（8）：138-139.

[44] 代青.高校学生教育管理工作[J].中外企业家，2014（21）：153，164.

[45] 张东伟.高校学生教育管理工作职能的再思考[J].管理工程师，2014，19（2）：48-50.

[46] 陈蓉蓉.新时期高校学生教育管理工作[J].继续教育研究，2000（3）：58-59.

[47] 蒋骏卿.大数据时代高校学生管理工作信息化建设现状及建议[J].信息系统工程，2023（8）：92-95.

[48] 黄庆华，黄厅厅，胡江峰.中国高校教育智库研究基本特征、热点演化与发展脉络分析[J].贵州师范学院学报，2023，39（7）：51-63.

[49] 段冬霞.大数据时代下高校教育管理工作的优化路径[J].山西青年，2023（14）：160-162.

[50] 邵雪姣，于英明. “互联网+”时代背景下高校学生管理工作的创新研究[J].华东科技，2023（7）：95–97.

[51] 田原.柔性管理在高校学生管理工作中的运用[J].辽宁开放大学学报，2023（2）：65–67.

[52] 赵天琦.互联网环境下高校教育管理模式创新途径探析[J].互联网周刊，2023（12）：91–93.

[53] 毕强.大数据驱动下的高校学生管理工作创新思路探析[J].信息系统工程，2023（6）：146–148.

[54] 李凡.新时代下高校教育管理“三全育人”体制机制改革[J].教育教学论坛，2023（18）：41–44.

[55] 张雷.大数据时代高校教育管理工作优化措施[J].创新创业理论研究与实践，2023，6（8）：59–61.